普天之下・盡是好書
普天出版家族
Popular Press Family
凌雲文創
A-Plus Creative Company

我知道你就是這種人！

What kind of person are you! I know

瞬間看穿對方的讀心智慧

左逢源——編著

詩人作家愛默生曾說：

人只有在獨處時最誠實，

在他人面前，都是虛偽粉飾的。

確實如此，在這個強調包裝、行銷的年代，
每個人的臉上經常戴著虛假的面具，
做出矯飾的舉動，有的人為了達到目的，
甚至以亮麗的外表、動人的言詞矇騙別人的耳目。

想要一眼把人看到骨子裡，
想要瞬間洞燭對方的心裡究竟想什麼，其實並不困難，
重點就在於是否掌握察言觀色的看人法則。
只要懂得如何看人，就不會被表面的言行舉止迷惑，
一眼看穿對方的底細。

【出版序】

把人看到骨子裡的看人智慧

●左逢源

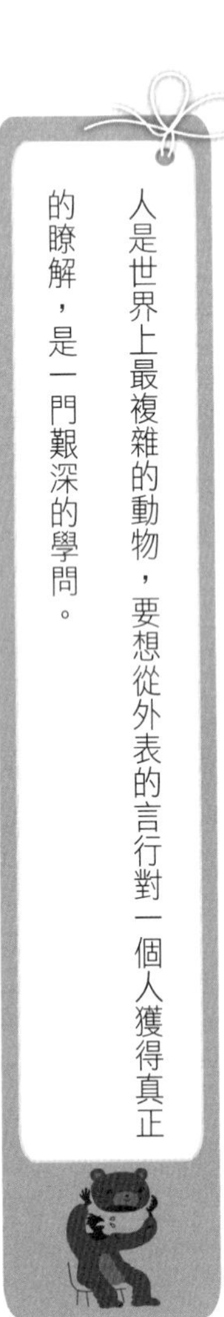

人是世界上最複雜的動物，要想從外表的言行對一個人獲得真正的瞭解，是一門艱深的學問。

莎士比亞曾經在著作裡如此寫道：「一個人可以儘管滿臉都是笑，骨子裡卻是殺人的奸賊。」

的確，在這個「詐者生存」的時代裡，有些人爲了達到自己的目的，往往會在臉上戴著菩薩的面具，但骨子裡卻幹出魔鬼的勾當。

如果你太過天眞，不仔細摸清出現眼前的對象究竟是什麼貨色，就很容易遭到蒙騙，被對方塑造的假象牽著鼻子走，成爲人性戰役中的輸家。

要知道對方是什麼貨色，瞭解一個人的脾氣和性格，應該從研究別人的情緒反應著手。要測知別人的反應，必須懂得一個察看反應情緒的臉部變化和身體動作——即爲行爲語言。

一個人內心深處的盼望與眞實目的，一定會不經意地透過肢體動作表現出來。這是因爲人們心裡想說的話，無法直截了當說出來，才會無藉由各種小動作來表達。

從一個人的肢體語言傳達，我們可以迅速研判出對方是友好的或是狡詐、充滿敵意的；具有這種觀察能力，在人際關係中就可以無往不利。

如果我們平時詳加觀察週遭人物的肢體動作，久而久之就能揣測出他們最眞實的心理狀態。

注意他的一切姿勢，他的語調的改變，以及他的音調聲色的改變！注意他四肢的動作，他眼睛的神色，同時注意他的一切表情！

如果你把握住了這些線索，還是看不出對方的全部個性。那麼，還需進一步做些什麼觀察呢？

你要猜度對方的心理，是什麼東西讓他覺得可怕，什麼東西使他憤怒，什麼環境使他覺得很愉快。其次，是什麼事情會引起他的自得，什麼東西才能吸引他的全部注意力。只要把上面這些問題試著記熟，照著去觀察對方，必然可以發現和認識得更多。

假如找不到一個實驗的環境，你不妨自己創造一個新的環境，或是提幾個與實驗相關的問題。例如你讚賞他幾句，挑撥他幾句，譏笑他幾句，故意斥責他幾聲，然後觀察他的動作和面部表情如何，他情緒的泉源潛伏在何處。

隨時注意他反應出來的表情和語句，其中含有什麼樣的意向。這樣，你對他自然會有更深刻的認識。

科學的看相，自然是識人察人應當學會的重要本領，尤其在選擇人才的時候，切不可輕視這門學問。你對人認識得越清，就越能保證選到公司所需要的眞正的人才。

作家魯賓斯坦曾說：「如果你想知道對方是什麼『貨色』，千萬別只看他外表包裝得如何精美，而是要懂得拆開那些精美的包裝。」

的確，在這個不懂得包裝，就無法將自己推銷出去的社會，虛有其表、裝模作樣、「說一套，做一套」的人到處都是，想知道對方是什麼貨色，千萬別被他洋洋灑灑、圖文並茂的「履歷表」迷惑，只要觀察他的言行舉止，就可以看出他的底細。

當然，人是世界上最複雜的動物，要想從外表的言行對一個人獲得眞正的瞭解，是一門艱深的學問，需要在實踐的具體操作中反覆的實驗、學習、總結。社會上的詭計到處都是，利用人心弱點所設下的陷阱和騙術，更是五花八門；懂得運用身體語言的概念，來洞悉別人內心深處所隱藏著的意志和感情，將有助於我們更加了解人性，提防自己在人性叢林中受騙上當。

PART1 體格透露著你的性格

決定身材好壞最重要的一點為「是否協調」，在透過身材來觀察人的同時，一定要結合各種因素一併考慮，才不會失之偏頗。

PART 2

客觀評判，才不會看走眼

不僅要依靠人的外表，還必須參照展現出的「精神」，才能對一個人進行準確的判斷。

PART 3

臉面就是最好的名片

瑞典人、德國人、義大利人的臉部特徵各不相同，但歸根究柢，他們都是同一支族群的後裔，是「漂變」塑造出形形色色的臉孔。

PART4

眉毛是判斷性格的重要指標

眉毛同時上揚或者相互趨近，表示嚴重的煩惱和憂鬱，慢性疼痛病症的患者便經常如此。

PART5

從興趣看出更多內心訊息

多愁善感的女性給人一種很需要受到重視的感覺，對於那些憐香惜玉的男人來說，具有很大的魅力。

PART6

觀察，就是最好的識人方法

狡滑的人會將會議內容以及每個人的話一點不差地呈現給高層，卻不會表明半點自己的看法與觀點。

PART7

注意對方的日常習慣動作

談話時喜歡和他人目光接觸的人，無疑是主動向對方展示自己的內心。

體格透露著你的性格

決定身材好壞最重要的一點為「是否協調」，
在透過身材來觀察人的同時，
一定要結合各種因素一併考慮，
才不會失之偏頗。

體格透露著你的性格

決定身材好壞最重要的一點為「是否協調」，在透過身材來觀察人的同時，一定要結合各種因素一併考慮，才不會失之偏頗。

可能很多人都不知道，事實上，你還沒有開口，身材已經在爲你進行自我介紹了。它毫不保留地告訴別人的，不但有你的體力，還包括你的智力；不僅有你的體格，還有你的性格甚至命運。

世界上的人形形色色，專就身材而論，也同樣各有特色，但是大體上可依高、矮、胖、瘦簡略分成四大類。

中國人曾以下列八個漢字來描述一個人的形體：好形體是童、田、貫、目；

不好的形體是丁、甲、由、申。一個人的身材、臉型、頭型等，都能很容易地歸入到這些類型中去。

然而，真要評斷哪種身材好、哪種身材差，什麼樣的身材較美、什麼樣的身材較醜，多少都免不了涉及到人們的審美意識，以及評判者的個人好惡。

一般認爲，決定身材好壞最重要的一點爲「是否協調」。但是某種身材是否協調，不能一概而論，不同的人種與民族之間，身材必定有所差異。

除了人種與遺傳的因素，溫度、空氣、水土、飲食結構等方面，對一個人的身材——特別是身高，也有很大影響。

此外，環境的改變，常常會促進人的身體發育，例如第二次世界大戰之前，日本人的個子比較小，被戲稱爲「小日本」。但到了現在，由於經濟高度發展，飲食方式和習慣產生很大的變化，日本人的下一輩已經長得比上一輩高了。

因此，在透過身材來觀察人的同時，一定要結合各種因素一併考慮，才不會失之偏頗。

心寬，自然體胖

審美觀是會彈性改變的，即使是在同一個國家，不同時代人們的審美觀念也不盡相同。

中國古代唐朝，女子以豐滿爲美，宋朝則以「人比黃花瘦」爲美。來到現代，苗條的身材特別受到青睞，有些人甚至以爲越瘦越好。看看電視上令人目不暇給的減肥廣告，就知道此話不假。

於是，「肥胖」與「醜」幾乎成了同義詞。

其實，從美學的角度來說，胖並不等於醜陋，瘦得像一根細瘦的竹竿才是不正常的，可惜一般人並非這樣想。

哪些因素決定了一個人將成為胖子呢？

研究顯示，如果父母都屬於身材肥胖的人，子女們有五成以上機率會成為胖子。如果父母之中只有一方肥胖，子女肥胖概率便下降到四十%。

由此可知，一個人的身材胖瘦，有一半的決定權掌握在自己手裡，也就是說，可以透過合理的飲食和充分的運動來調節。

身體肥胖的人，在性格上可能有哪些缺點？

其實，並不盡然都是缺點，許多人不知道的是，如果遇上挫折，身體肥胖的人往往具有較強的抵抗力，他們不會輕易服輸。

不過，這種人有一個不足之處，就是原則性比較差，常常因為過於衝動而失去理智。因此在事業發展上，身體肥胖者容易大起大落。

胖男人往往對什麼事都看得開，但可千萬不要為嘴傷身，畢竟肥胖者大都有貪吃的習慣。

這種人的性格比較豁達，心地比較善良，人緣往往比較好，大都與世無爭，只想盡心盡力地完成自己份內的事情。

其實這類人之所以發胖，其中一個重要的原因，就是心情舒暢，因此應了「心寬體胖」這句諺語。

中國人有個習慣，將豐腴的女人稱爲「福態」。「福態」者，富足的姿態也。有錢人吃得好，所以才發胖，連飯都吃不飽的人絕對不會成爲胖子，「喝水都會胖」的說法是不可信的。

因此，在一般人的心目中，胖的人多少帶有福相。

不過，福態的男性和女性都不要忘了適度地控制飲食，因爲過於「福態」對身體也沒有太大好處。

瘦長型的人比較精明

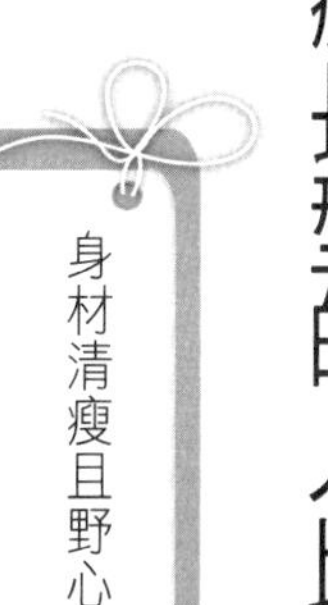

身材清瘦且野心勃勃者，應該告訴自己，不要忽略了真正重要的健康因素，以免得不償失。

瘦男人：敏捷

有人說：「胖子只有一種，瘦子卻有千萬種。」

只要你仔細觀察，便會發現這句話有一定的道理。

有的人瘦得只剩皮包骨，就像冬天的枯枝，一副弱不禁風的模樣。但有的人看起來雖然瘦，卻給人很有精神的感覺，瘦得好看、瘦得獨特。

如果一個男人剛好是屬於上述的後者，那麼他肯定具有堅強的信念，面對逆境時不會怨天尤人。

在這種人的詞典裡，只有「奮鬥」、「努力」一類正面的詞語，不會輕易產生退卻的念頭，深信「人定勝天」。

瘦男人較善於思考問題，擬定對策。我們可以發現，許多事業有成者都比較清瘦，他們獲得成功的原因，極有可能就在這裡。

美國紐約大學教授希爾頓、英國倫敦聖湯瑪斯醫院的教授泰納等人，都在經過長時間研究後發現，人的體型與性格，確實有相當密切的關係。

他們指出，體型瘦長的男人往往比較聰明，既善於思考，反應也相對敏捷。瘦長型的男人大都都懂得自尊自愛的道理，辦事謹慎，又具有一定程度的創新精神。

但要特別留意的地方，是這種人經常憂心忡忡，體質普遍比較差，經受不起太大的挫折。

瘦女人：精明

身材較瘦的女人同樣擁有周密思路，爲了達到目的，經常不擇手段。這種女人在社交過程中，一般的情況下，採取的手段往往比較精明，態度比較圓滑，善於把握住人生、現實，以及周圍的人事物。因此，她們常常都是以強者的姿態活躍在社會上。

不過，太精明也不是一件好事。人之所以瘦，有一部分原因在於過度勞心勞力。所以，身材清瘦且野心勃勃者，應該告訴自己，不要忽略了眞正重要的健康因素，以免得不償失。

看透身高導致的性格差異

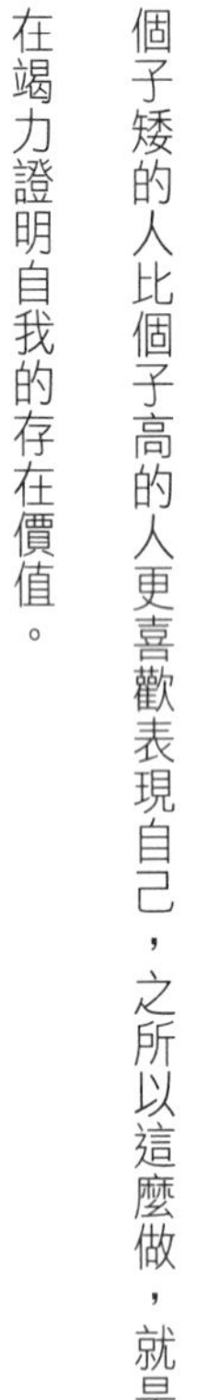

身材魁梧：為人坦蕩

不可否認，身高是最容易令人一眼看見的個人特色之一，可惜只有三十%的主動權掌握在自己手裡。

專家們經過長期研究發現，決定身高的因素，有三十五%來自父親，三十五%來自母親。如果父母的個頭都不高，那麼剩下三十%的後天因素，就是一個人力求長高的可嘗試範圍了。

另外，有人際關係學家指出，不管是屬於哪一種人種，絕大部分女性都很喜歡魁梧的男性，原因在於男性高大的身材、厚實的肩膀和強而有力的雙臂，是能藉以遮風避雨的港灣，女人會爲此產生安全感。

正是由於擁有以上這些天生的優勢，身材魁梧的男性較受歡迎，給人的感覺也比較坦蕩。

研究顯示，身材魁梧的人性格很強。高大的人往往有很強烈的進取心，喜歡冒險，在體育運動、體力勞動等方面有很好的素質。由於擁有足夠的本錢，所以他們多有比較強的領導才能，喜歡指揮別人。

這種人的弱點，是性格很固執、獨斷專橫、爭強好勝。

一般說來，他們的疑心病很重，辦事比較急躁，考慮不夠周延，容易遭受挫折。在事業發展上，這樣的人不是轟轟烈烈，就是一生沒沒無聞。

身材矮小：點子多

相較之下，個子矮小的男人多比較自卑。

其實任何一件事的好壞，都無法從單方面論定。不能說個子高就絕對好，個子矮就絕對不好，例如矮個子有一個普遍的優點：點子多。

古來就有「矮子心多」這種說法，意思是說，個子矮的人頭腦比較靈活。確實如此，個子矮小的人聰明伶俐、能言善道，他們機警、有智謀、反應敏捷、辦事認真。

吃苦耐勞對他們來說只是小菜一碟，矮個子的人所展現出的強大智慧和耐力，經常令高個子者自嘆不如。

許多研究資料顯示，五短身材的人大都地位較高，歷史上知名的領袖人物，很多都是矮個子。

對此，生理學研究也提供了一些依據以爲佐證。

人的體能與細胞變化、化學物質的交換及代謝作用關係十分密切，神經衝動在人體內的傳播速度是相同的，因此，一個人的個子如果太高，對外界的反應自然比較遲鈍，因爲神經衝動在人體內傳播較慢。

個子矮的人對外界的反應比較靈活，原因就是神經衝動在體內傳播需時較短。大象沒有老鼠靈活，正是同樣的道理。

矮個子往往身居高位，除了生理的原因，還有心理方面的因素。

大部分人都有一種印象，在日常生活中，個子矮的人比較喜歡出鋒頭，喜歡表現自我。關於這點，心理學家認爲，這是逆反心理所發揮的作用：由於不少女性選擇對象的重要條件之一就是身高，男性如果達不到一定的標準，就容易感到自卑，於是便四處尋找表現的機會，力求找回自己的尊嚴，以贏得女性的青睞。

個子矮的人比個子高的人更喜歡表現自己，之所以這麼做，就是在竭力證明自我的存在價值。

這種人的不足之處，就是比較容易衝動，雖然成功的機率很高，但也可能會招致不必要的挫折。不過，他們決心要辦的事情，最後大都會成功。

個子越高，婚姻越不牢靠

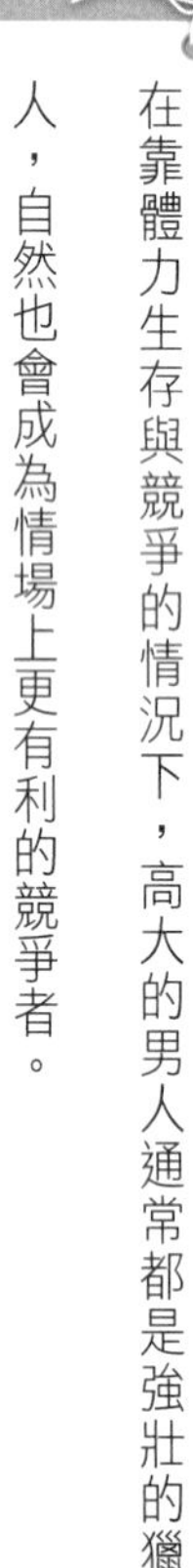

美國有一項研究顯示，個子長得越高的男人普遍越花心，在感情上越容易「劈腿出軌」。

這項研究，是由美國雪城大學與德國馬爾堡大學攜手進行，書面報告曾經發表在《新科學家》雜誌上。

他們研究了美國西點軍校五十屆畢業生的婚姻狀況，發現長得越高的男生婚後越容易出軌，多會在離婚後再娶年輕貌美的女子。

許多事實證明，身材高大的男人擁有較多子女，因為他們一生中通常結過數次婚，與不同的女人生過孩子。

研究者之一的梅若博士說：「男人外型越具吸引力，第一段婚姻失敗的機會便越高，而身材魁梧正是使男人具有吸引力的重要原因。」

紐卡斯爾大學進化及行為研究小組的拉札勒斯教授則表示，高大的男人之所以容易受到女性青睞，原因與早期人類的狩獵社會有關。在靠體力生存與競爭的情況下，高大的男人通常都是強壯的獵人，自然也會成為情場上更有利的競爭者。

不過，高挑身材帶給男人的不全是好消息，科學研究發現，男人的身高與心臟病具有一定的關聯性，高個子男人罹患心臟病之後的死亡率較高。

美國科學家對兩萬多人進行詳細觀察後，得出結論：雖然身高一八五公分以上的男人發生心臟病的機會，比一七〇或不足一七〇的男人低大約三分之一，但是，高個子的人一旦得了心臟病，死亡率往往高於罹患心臟病的矮個子。

腹部也會傳遞各種訊息

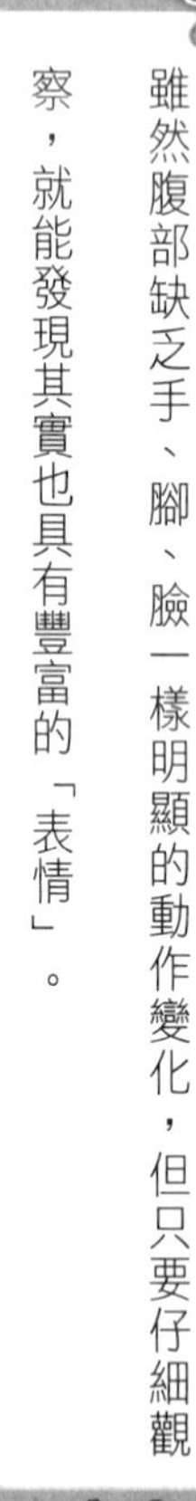

觀察軀幹部分的「肢體語言」，也可用於了解一個人。

明顯例證如下：一個人如果挺起腹部，或是突出腹部，就是以行爲語言表示傲慢。再如，跟人交談之時解開上衣鈕扣，敞開胸懷，就是所謂的「開放勢力範圍」，讓對方完全解除警戒心，這點可由「推心置腹」、「打開胸襟」等說法中獲得驗證。

另外，從腹部透露的訊息，也會表現在皮帶或腰帶的繫法上。例如重新繫皮帶或腰帶的動作，可視爲在潛意識中對自己打氣的行爲，象徵著重新振作。下腹用力，往往是準備再度面臨挑戰的表示。

反之，在時間延續很久的場合裡，如果不斷地用手整理皮帶，做出放鬆的動作，那就表示當事人對於這種氣氛感到疲倦，想藉由放鬆腹部達到從精神緊張狀態中解脫的目的。

這個動作可視爲放棄繼續努力的意志，或暫時解除對立關係等。

雖然腹部位於人體的中央部位，缺乏像身體末端的手、腳、臉一樣明顯的動作變化，但只要仔細觀察，就能發現其實也具有豐富的「表情」，能夠清晰地傳遞各種訊息。從精神意義的角度看，腹部是人體最重要的中心部位，相當於該人的存在、人格象徵。

此外，軀幹本身的形狀與人的壽命有密切關係，資料顯示矮個子往往比高個子長壽，男性身高在一六五到一六八公分、女性身高在一五七到一六〇公分之間，體能潛力和內臟功能最佳，消耗熱量相對較少，有利於延壽。

抬頭挺胸的人充滿信心

挺胸是自信的象徵，從行為語言的觀點來看，將胸部挺起表示容許對方侵入自己的勢力範圍。

挺胸的女性：性意識強

簡單來說，行爲語言會因所屬國家或文化習慣的不同而有所差異，單是拿「手置於胸前」的動作爲例，就可能帶有完全不同的暗示。

以胸部而言，由於性別差異，便會導致行爲語言上的極大區別。

這種差異可引用迪斯蒙德·摩里斯的一句話說明：「成年女性，具有二個膨脹的碗型乳房，這在靈長類之中，可說是獨特的存在。乳房即使在不分泌乳液時，也明顯地隆起，明確地表示著它不單是哺乳器官而已。」

女性做出宛如愛撫般一手置於胸部的動作，其他女性不一定會注意，但是，在男性眼裡，就和看見擺動臀部走路的女性一樣，必定會感覺到充分表現出來的性暗示。

別小看了胸部語言的重要性。男性出於對性的關心所發出的視線，集中程度最高的部位正是胸部。

挺胸的男性：有自信心

我們從小便接受著「要做一個光明正大、頂天立地的人」的教育，而「頂天立地」的外在表現就是「挺直背脊」。由此可見，肢體行爲語言與精神上的意義並非毫無關係。

專門研究非語言情感傳達的學者尼連巴克，在《瞭解人心的技巧》一書中指出：「知道必須藉提高業績使自己晉升的人，必然採取堂堂直立的姿勢，這是充滿自信的表示。」

一般而言，挺直背脊的人充滿自信，但是容易受到刻板觀念的束縛，略微欠缺精神上的彈性。

挺胸是自信的象徵，從行爲語言的觀點來看，將胸部挺起表示容許對方侵入自己的勢力範圍。換句話說，正是因爲充滿自信，縱使讓他人進入勢力範圍，仍然十分放心。

挺胸可以和自信畫上等號，這麼做的人表示居於絕對的優勢。但有一種同屬「挺胸」的動作，卻源自於補償性的行爲習慣，例如，許多矮個子都喜歡挺起胸膛走路。他們爲了引人注目，也爲了彌補自身個子矮的缺點，便儘量挺起胸膛，想要讓自己看起來比實際上高大。

挺出腹部，強化支配意圖

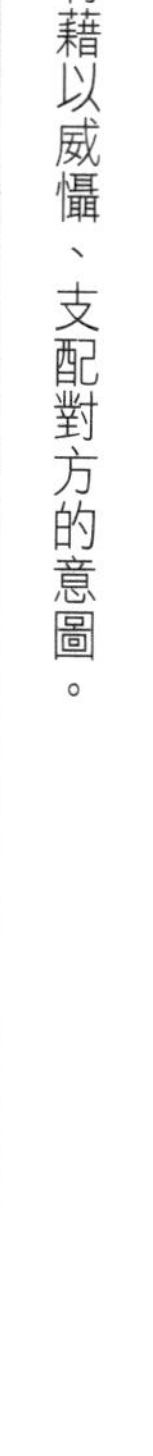

凡是採取挺腹姿勢者，多少都帶著極為濃厚的自我誇耀意味，具有藉以威懾、支配對方的意圖。

腹部突出的男性：自我誇耀

古來英雄、豪傑，大都屬於大腹便便的類型，富豪、領導者也多半擁有此類體型。腹部突出，等同於將自己重要且脆弱的部位，毫不在意地往前挺出，表現一種處於優越、無防備的狀態之下才有的自信、滿足、輕鬆。

反之，抱住腹部的蜷縮姿勢，則可視爲受到不安、不滿足、消沉、沮喪等情緒支配導致的防衛狀態。

在一般情況下，挺腹與收腹狀態，在精神、肉體活動方面傳遞出的差異，相當明顯。從腹部的行爲語言來看，凡是採取挺腹姿勢者，多少都帶著極爲濃厚的自我誇耀意味，具有藉以威懾、支配對方的意圖。

據說，許多大機構喜歡雇用腹部突出的男性擔任警衛，根據上述的行爲語言加以分析，這種做法確實有一定道理。

腹部緊縮的男性：有性聯想

腹部相關的行爲語言術，除了上述一種傳統的解釋之外，還有另一個具有關連性行爲的看法。

根據紐約亞伯特．愛因斯坦醫學大學精神醫學教授斯克姆爾博士，以及坦布林大學人類學教授威斯特爾博士的學說，男性期望產生積極性行爲時，下腹部肌肉會處於緊張狀態，相反地，性期望轉變成消極狀態時，下腹部的肌肉便會鬆弛下來。

男性會在潛意識中做出這類肉體準備，女性則可以憑藉本能上的敏感察覺出來。無論男性或女性，準備與異性見面時，在潛意識的影響下，肉體會產生若干變化，對預期可能發生的性行爲產生易於適應的狀態。從外表上看，全身的鬆弛狀態減少，臉部肌肉也跟著緊繃。

其中，最引人注目的，是散發出來的積極氣息，尤其是平常挺著鬆垮腹部的男性，只要一緊縮下腹，便是進入「備戰」的表現。

臀部擺動大的女性：性欲強

接下來，讓我們略加探討臀部的象徵意義和訊息傳遞。

臀部，屬於傳送「性的信號」的部位。

所謂「夢露型步伐」（Monroe's Walk），曾一度使得世界上的男性爲之傾倒。「夢露型步伐」是美國女明星瑪麗蓮．夢露表現性誘惑力的走路姿勢，大幅度搖擺臀部的姿態，對男性而言，必然會產生強烈的挑逗力。

根據某家內衣製造廠商的調查顯示，男性注視女性的背部時，視線最先投向的部位就是臀部，這個結果充分證明了臀部是傳送性信號的重點部位。

可以沉默，不該過度退縮

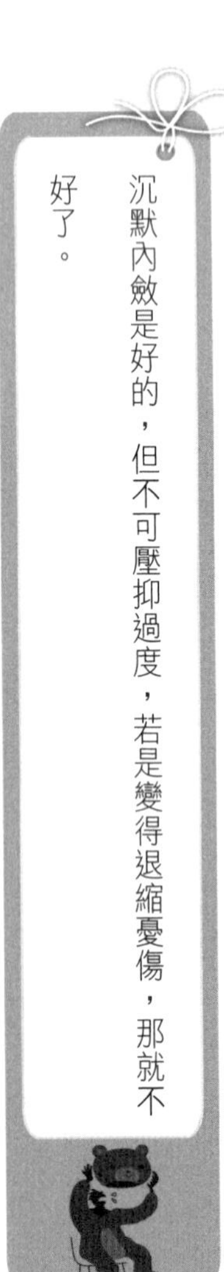
沉默內斂是好的，但不可壓抑過度，若是變得退縮憂傷，那就不好了。

沉默的男性：有內涵

有的男性不太喜歡說話，常常被人們當成「悶葫蘆」。事實上，不常開口，是因爲他們懂得「沉默是金」和「禍從口出」的道理，因此寧可不動聲色，不用語言與別人對抗。

這樣的男性表面上很溫和，內心卻非常剛強。由於不會引火自焚，又懂得沉默是金的道理，多能夠成就大事，家庭也較幸福。

日常生活中，確實有許多不能談論的話題，不喜歡說話的人便可以藉此避免出言不當可能引來的不便與紛爭。

從表面上看，這類男性常常是心如古井，看不到半點小漣漪，更不要說劇烈的波濤起伏了。

第一次與這樣的男性見面，往往不會留下很好的印象，女性初次與他們約會同樣不會產生好感。可是，隨著時間的推移，可以慢慢發現，沉默寡言的男性多是很有內涵的人，他們的話語具有智慧與份量。

才美不外露者，最有可能成就大事。

沉默寡言者絕非沒有過人處，只是將優點隱藏了起來。這樣的男性很少會直接對自己鍾情的女性說「我愛妳」，但他們會做出無私的奉獻。女性若能遇到這樣的男性，可說是一種福分。

憂傷的男性：沒前途

沉默內斂是好的，但不可壓抑過度，若是變得退縮憂傷，那就不好了。

一個人的精神狀態不佳，說明精、氣、神、血等方面存在著不同程度的問題。沒有足夠的體能供給，思慮當然無法周密嚴謹，做出來的判斷極有可能不符合實際情況，即使判斷準確，也缺乏力量去執行。因此，此類人的前途自然比較渺茫。

他們總是表現出頭腦混濁、多愁善感、憂心忡忡的樣子。明明沒什麼值得憂慮的事情，卻偏要哭喪著臉，由於心神不定，使得精神恍惚，在原本不該出錯的地方產生或大或小的失誤。

即便在剛開始與他們交談的時候，言語能保持流暢快捷，但不出多久就會變得木訥，像忽然之間換了一個人。

這種人做事情多虎頭蛇尾、有始無終，他們的前程，自然在你我的意料之中——沒有太好的結果。

客觀評判，才不會看走眼

不僅要依靠人的外表，
還必須參照展現出的「精神」，
才能對一個人進行準確的判斷。

藉著笑聲貼近彼此的心

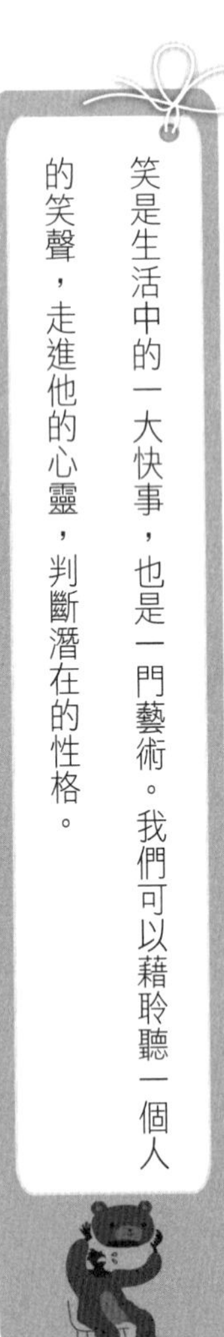

笑是生活中的一大快事，也是一門藝術。我們可以藉聆聽一個人的笑聲，走進他的心靈，判斷潛在的性格。

笑是人們表達情緒的一種重要方式，包括喜怒哀樂在內的情緒變化，都可以透過笑聲展現出來。

我們都聽過許多關於笑的詞語：抿嘴一笑、嫣然一笑、回眸一笑、捧腹大笑、哄堂大笑、破涕爲笑、嬉皮笑臉等等，由此可見笑的重要。

「笑一笑，十年少；愁一愁，白了頭。」這句諺語告訴我們笑可以使人心曠神怡，使人健康長壽；笑可以醫治疾病，可以消除隔閡。

笑不僅能振奮精神，還可增進健康，因爲愛笑的人能夠吸入更多氧氣，進而改善脈搏和血壓狀況。

最愛笑的是兒童，每天平均達五十多次。有人甚至認爲，兒童的笑能打破室內的沉悶。成年人笑的次數較少，只有兒童的三分之一。

對於女性而言，笑還隱藏著另一種奧秘——在各種聲音當中，男人對於女人的笑聲反應最爲敏感。

有人發現，愛笑的女人不僅人緣較好，更能長久地保持年輕。

笑是一種免費的藥，它能使人體內產生大量免疫球蛋白，從而提高免疫力。德國科學家認爲，笑一分鐘的作用，就等於額外服下一個劑量的維生素C，維生素C能使皺紋舒展開。

以笑聲代替藥物進行治療的例子還不太多，但醫生都知道「笑療法」。

美國心理學家卡津斯以「用笑起死回生」聞名於世，他曾經罹患一種怪病，沒有康復的希望，但在病魔肆虐的時候，他強迫自己經常大笑，最後奇蹟似地恢復了健康。

由此可見，哲學家勸誡人們笑口常開，告別過去，不是沒有道理的。

正常的笑，是指客觀事物使人的腦神經產生興奮作用，進而在心中激起強烈的精神快感，並使臉上出現喜悅表情。

發自內心的笑，可以表示一個人的愉快和友好。當然，笑是一種很複雜的行爲，有眞笑、有假笑、有友好的笑、也有惡意的笑，必須加以辨別。

笑是生活中的一大快事，也是一門藝術。我們可以藉聆聽一個人的笑聲，走進他的心靈，判斷潛在的性格。

假笑，只會使人際關係更糟

虛假的笑意令人感到莫名其妙，是一種典型缺乏內容或內容難以確定的。笑聲聽起來大都比較勉強，給人虛假的感覺。

如果說，外向型的笑是爽朗明快的，內向型的笑則偏向孤獨冷漠。內向的人笑起來非常勉強，所表示的情緒或意圖通常也比較複雜，而且令人感到難以捉摸。比較容易辨認的，是人們常說的假笑。

假笑的人，雖然臉上在笑，但眼神中幾乎不帶笑容，內心更沒有絲毫笑意。這種人的笑就像戴著假面具，無論是對自己還是他人，幾乎都是假笑和嘲笑，沒有眞正的感情。

虛假的笑意令人感到莫名其妙，是一種典型缺乏內容或內容難以確定的。這種人的笑有時聲音又高又尖，聽起來非常刺耳，有時則是「哧哧」地笑，音量幾乎低不可聞。此類人往往給人孤獨冷漠的印象，當一群人聚在一起愉快地聊天的時候，內向型的人也會跟著大家發出笑聲，然而，這並不是爲了附和周圍的人，而是感到自己的人際關係受到威脅，所以藉這種方法來掩飾自己的緊張情緒，勉強擠出笑容。

與外向型的人相比，內向型的人笑聲自然少得多。即使碰上什麼喜事，他們也認爲沒有必要讓更多人知道，不會去主動告訴他人，產生一種隱藏自己的防衛意識。正是由於這個原因，他們的笑聲聽起來大都比較勉強，給人虛假的感覺。

細心觀察就可以發現，遇到這樣的場合，假笑者的臉部表情看起來必定很不自然，嘴唇甚至還會微微顫抖。有趣的是，當周圍的人普遍都對某一話題不感興趣的時候，內向的人卻極有可能會自顧自地笑起來。

無論如何，應避免假笑，因爲它可能使別人的心情更不好。

聽出笑聲裡的秘密

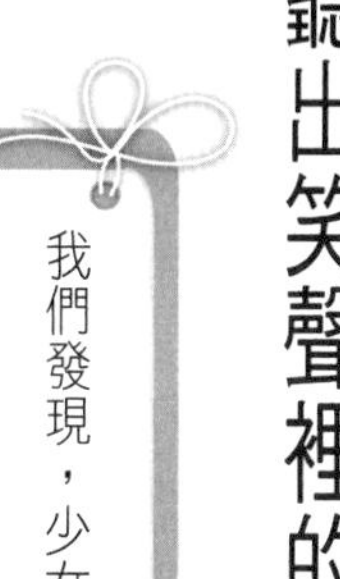

我們發現，少女經常發出「嘻嘻嘻」地笑聲，有這種笑聲的人好奇心很旺盛，願意嘗試新事物，非常渴望得到周圍異性的好感。

苦笑：個性內向

性格內向的人，給人一種不常笑的感覺，即使有時笑起來，也像比較脆弱且缺乏自信的苦笑，如此的聲音和神態，與自我解嘲相差無幾。

這種笑聲沒有生氣，好像看透了世間的一切，讓人感受到一種疲憊的味道。帶有無可奈何意味的笑，有時會令人起雞皮疙瘩，渾身不舒服。

但是，苦笑者的笑具有複雜豐富的內容，隱含許多深長意味，只要留心觀察，大都會有不少收穫。

「哈哈」笑：心胸坦蕩

「哈哈哈」的笑聲，讓人覺得發笑者毫無顧忌。

這種從腹腔中發出、人們稱爲「豪傑型」的笑聲，一般人很難發出，只有身體狀況良好的人才有辦法。

經常「哈哈哈」發笑的人，體力必定非常充沛。

另一方面，這種笑聲會帶給人威懾感，令人不由得產生警戒，發出這類笑聲，一般是屬於領導型人物。

從發聲學的角度來說，「哈哈哈」的聲母開口通暢，韻母開口最大，所以顯得中氣十足。

但是這樣的笑，極有可能令人感到厭煩，因爲他們往往在不該笑的時候大笑出聲，不留意場合和時機。

切記一點，不要讓你的笑聲令人討厭。

「呵呵」笑：心情不快

有人習慣「呵呵」地笑，這是一種沒有完全發出的笑聲。這類笑聲給人缺乏信心或受到壓抑的感覺，可能是爲了掩飾內心的不滿，或者心情正煩躁，也有可能代表身體疲倦。與前一種笑聲相較，這種笑聲明顯中氣不足。

從發聲學的觀點看，「呵呵呵」的韻母比「哈哈哈」的韻母要小，中氣自然不能與之相比，這是理所當然的。

壓抑的心情會引發各種不良情緒，連帶讓笑聲也受到影響。

「嘿嘿」笑：輕蔑別人

「嘿嘿嘿」的笑與冷笑相差無幾，帶有批評或輕蔑的意味。

除非已經成爲習慣，否則在一般情況發出這樣的笑聲，雙方談話的基礎就差不多喪失了。

發出這種笑聲的人，心理多半很不安寧，可能有某種煩惱。

這種笑聲帶有攻擊性，目的是以此壓抑對方，以獲得一時的快感。與「呵呵呵」相比，韻母更小一些，聲音自然也比較小。

若內心安寧，自然不會發出這種笑聲。

「嘻嘻」笑：好奇心很強

我們發現，少女經常發出「嘻嘻嘻」地笑聲，有這種笑聲的人好奇心很旺盛，願意嘗試新事物，非常渴望得到周圍異性的好感。這種心情非常強烈，隨時隨地都從笑聲中表現出來。

這類人的情緒變化很大，有時愉快，有時又很鬱悶，一言以蔽之，他們的心理具有典型的兒童特質。

客觀評判，才不會看走眼

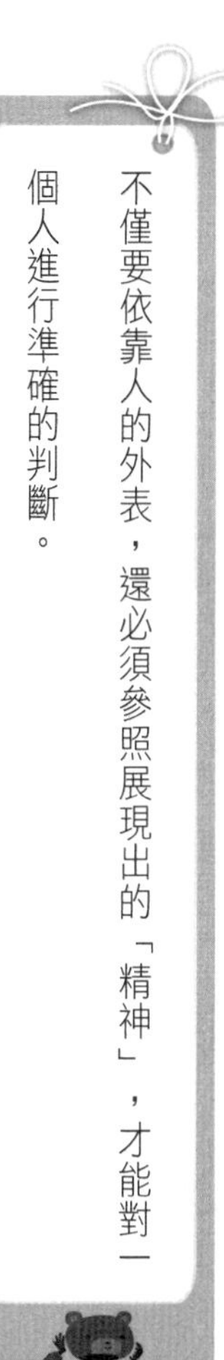

不僅要依靠人的外表，還必須參照展現出的「精神」，才能對一個人進行準確的判斷。

「以貌取人」雖然經常受到批評，但許多批評者卻同樣有著「以貌取人」的習慣。這麼做的確失之片面，不過，也說明了容貌確實能反映人許多不爲人知的眞實面。

有人認爲容貌與個性沒有必然的聯繫，然而五官端正便賞心悅目，面黃肌瘦則令人擔心，則是一般人正常的反應。以容貌觀人，不但需要洞察世事的眼光，更需要豐富的人生閱歷和天生的悟性。

在前人的定義裡，容貌其實是兩個概念：一是「容」，一是「貌」。

「容」就是我們所說的身體，可以分為兩個方面：一方面指手足、腰背、乳臍等，一方面指人在坐、臥、行、走的顯現出來的舉止、神態，以及言語談吐、喜怒哀樂。也就是說，「容」一指身體的靜態外觀，二指身體的動態表現，即舉手投足。

「貌」是指顏面上的形狀、相貌，例如口、眼、耳、鼻的動態與靜態性格特質。從廣泛的意義而言，「貌」不單單指臉部，而是整個頭部，包括印堂、下巴……等等。

「貌」本來應該屬於「容」的一部分，但由於人的精、氣、神主要展現在面部，因此將「貌」單列出來，與「容」相提並論。

「貌」也包括兩部分，一是構成「貌」的口、眼、耳、舌、鼻、眉等具體器官，屬於貌的物質基礎。另一部分，是這些器官表現出來的神態，臉部的動態表情呈現。我們這裡所說的容貌，主要是指人臉部的五官，即口、眼、耳、鼻的靜

態特質。

人在容貌上千差萬別，心理、性格上也同樣有所差異。那麼，一個人的容貌與他的性格，是不是有必然的關聯呢？

中國傳統的相術，認爲容貌與性格有極大的關係，甚至認爲「容貌」決定性格。另外一些人則持相反看法，認爲相貌與人的容貌、性格之間，沒有本質上的關聯。

對此，你的看法如何呢？

事實上，一個人的容貌可以透露出相關的職業、聰明程度，以及人品等重要訊息，因此可以對這個人的性格進行判斷和推測。例如，一個五官端正的人，行爲往往也是端正的；一個「獐頭鼠目」的人，行爲大多不脫兇殘奸詐；一個人姿態沉穩，那麼縱使不是身居高位，也具有領袖氣質；如果一個人走起路來畏畏縮縮，必定缺乏自信。

透過相貌「觀人」，難免會有先入之見，但是即使如此，無數事實證明，容貌透露出來的訊息，確實足以反映出一個人的內心世界，並可藉以推斷一個人的性格、人品以及前途。

當然，也有可能出現以下的情況：隨著時間和境遇的變遷，人的外表形象發生若干變化，透過容貌品鑑人便會發生失誤，導致「看走眼」的情況。

經過研究發現，隨著一個人的心態、境遇等方面產生變化，個人的氣質、身體狀況甚至容貌也會隨之改變。因此，如果只憑一段時期的外表形象來判斷一個人的性格和前途，便極有可能犯下「以貌取人」的錯誤。

考察對象時，除非有十足的把握，否則千萬不可貿然以外表識人，而不詳細了解對方的實質。

人各有所長，不能只見所短而不見其長，更不能僅憑個人的生活經驗和好惡就去判斷一個人的一切，以孔子的話說，該要「聽其言，觀其行」。

事實也是如此，歷史上，善於透過容貌推斷人的性格、氣質、才能、品行甚至預測人物性格的傑出人士，都是藉對方全身上下形成的綜合資訊來「觀」人。也就是說，不僅要依靠人的外表，還必須參照展現出的「精神」，才能對一個人進行準確的判斷。

反之，如果僅從一個人身上的某一顆痣、某一道疤、某一條紋路就推斷吉凶禍福乃至於前途性格，那簡直等同於在路邊擺攤的江湖術士所做的無聊行爲，毫無準確性可言。

經驗證明，想在這方面具有洞燭機先的敏銳眼光，不但需要豐富的人生閱歷，多少還要擁有天生的悟性。

當然，只要有心，能夠認眞學習，在生活中仔細揣摩，最終同樣能夠掌握「觀人」的訣竅。

個性好壞，讓頭形告訴你

確實能從一個人的頭形得知某些重要訊息，因為人的頭部正是智慧之源——大腦之所在。

頭是一個人身體的最高處，很多訊息都可以由此看出來。

頭是人體最重要的組成部分，這一點從一般語言就不難得到證實。頭又稱爲「首」，「首」字本身衍生出許多詞，例如「首要」、「首長」、「首先」等，大都含有「最」的意思。此外，與「頭」有關的詞還有「頭等」、「領頭」……等。英語裡面表示頭的單字同時還帶有「關鍵」、「大寫」、「首都」……等含義。

從語言學的觀點來看，這是詞義引申的結果，顯示出頭的重要。

人類學家、考古學家研究發現，人類的頭是逐漸變大的。英國的帽子經銷商曾經發表一個報告證實，五十多年前，七號帽子的銷路最好，但到了現在，大於七號的帽子銷路處於領先地位。可見，在這段不算太長的時間內，人的大腦「長大」了不少。

那麼，頭的大小與智商有什麼關係呢？

有的科學家認爲，腦袋的大小與智商高低沒有直接關係，這些科學家引用下述資料來證明他們的觀點：

研究顯示，一般人的腦重量爲一千三百五十到一千四百克，屠格涅夫腦重近兩公斤，康德腦重一千六百五十克，法國小說家法朗的大腦只有一千零一十七克。這些人的腦袋重量不同，但都是很聰明的人，所以得出結論——智力的高低，並不在於腦袋的大小。

此外，「大頭的愚人」和「小頭的智者」的說法，也與這種觀點有關，法國小說家法朗的腦重量低於平均值，可以作爲佐證。

但有一批美國心理學家提出另一種觀點，企圖推翻「頭大無腦」說法。他們認爲，頭部越大、越飽滿的人，智商可能越高，並對學術研究感興趣。

美國西安大略大學的心理學家，找了年齡在二十歲至三十五歲間的幾位男士進行實驗，發現「肥頭大耳」的受試者，智商通常比較高。

研究人員首先測量他們的頭部長度、寬度（雙耳之間的直線距離）、厚度（頭前後的直線距離），並掃瞄腦的體積，繼而請他們進行智力和認知能力測驗，最終結論如下：頭部的長度、寬度和厚度都與智力有關。但頭型太尖，即頭的長度大於寬度者，可能不如肥頭大耳者聰敏。

實驗告一段落後，研究人員在《性格和個人差異》這本雜誌中，發表文章說：「頭大即代表智商高，整體而言，從頭的大小可以預測腦的大小。可是，頭部的長度與智商卻成反比。」

在這項研究的受試者中，最大的頭寬十六公分，最窄十三．五公分；厚度則最多是二十一．二公分，最少十八．二公分；最長的頭為十七公分，最短是十四．六公分。

話雖如此，頭大的人也不一定就是天才，不過，研究結果的確有助於糾正一般人對於肥頭大耳者抱持的成見。

除了對頭部的體積進行研究，科學家還對頭的形狀做了分析。他們對動物頭部進行觀察發現，動物的性格與頭部的寬窄有很大的關聯：腦袋較寬的動物一般都很好鬥，腦袋窄的動物則大都比較溫順。

當然，人並不是動物，不能簡單地把上述結論套用在人身上，但不可否認的是，我們確實能從一個人的頭形得知某些重要訊息，因為人的頭部正是智慧之源——大腦之所在。

不同頭形，不同個性

具有殘月頭形特徵的人思維敏捷，能力很強，有極高的觀察力和創造力、很強的進取精神。

圓頭：樂觀

圓頭的人，不但臉看起來比較圓，身體也比較圓。很多觀察資料顯示，這類人的爲人處事與他們的身材一樣圓滑，八面玲瓏，不輕易得罪人。

他們多半是很樂觀的，對很多事情都能泰然處之，形若無事，能經常保持著和氣、幽默、可親的姿態。

這種人天生喜歡享樂、喜歡吃、喜歡睡，所以身體容易發胖。有句話說「心寬體胖」，正是他們的眞實寫照。

殘月頭：急躁

殘月頭的外型特徵爲前額後傾、鼻樑高、嘴唇向前突出、下巴短且向後縮，看起來就像一輪快要落下的殘月。

這種人的特點是「快」，無論做什麼事情都能夠很快完成，有時甚至令人嘆爲觀止。然而，「十快九粗糙」，他們的不足之處也很明顯，因爲過於性急，考慮不周，常常輕舉妄動，造成不必要的損失。

有人曾經說過：「面中仰而人不義，蓋其人常妄動之緣故。」意思是說，臉的中部突出的人，常常會做出損人利己的事情，原因就在於他們太容易輕舉妄動，有欠思慮。

他們的反應很快，但熱情也消失得很快。

這類人的另一個特點是喜歡說話，卻由於思慮不周，相當容易得罪人。

具有殘月頭形特徵的人思維敏捷，能力很強，有極高的觀察力和創造力、很

強的進取精神。但應該克制自己，凡事「三思而後行」，不要魯莽。

新月頭：遲緩

古人曾說：「面中凹而機謀深。」

臉中間部分凹陷下去的人很有計謀，「新月頭」指的正是「面中凹」者，由於頭形似新月而得名。

這種人的特徵是前額突出，眼睛和眉毛所在部位比較平坦、鼻樑很低、嘴唇短且後縮、下巴相對突出。

具有新月形狀頭形的人思維緩慢、行動遲緩，說話吞吞吐吐，做事按部就班，無論做什麼事情都慢慢來。他們最顯著的特點，就是一個「慢」字，性急的人碰上了，常常會急得半死。

這種人的長處是很謹慎，不易衝動，不會盲目聽信他人。他們做事情比較從容，無論辦什麼事情都堅持「三思而後行」，從不輕舉妄動，一旦行動就非要取得成果。

一般情況下，他們會以理智戰勝情感，不至於做出魯莽的事情。他們能夠忍受一般人不能忍受的事情，具有很強的耐力，態度又比較溫和，有辦法隨遇而安。可以說「不惹禍」是這種人具有的最大優點。

很多資料顯示，新月頭的人性格很強，有時過度固執己見，會產生不切實際且又缺乏創造性的想法，是必須留意的缺點。

從流傳下來的畫像來看，明朝開國皇帝朱元璋就屬於這種人。由此可見，這種頭型的人如果能多加留意鍛鍊自己的思維速度，提高做事效率，往往能夠成就一番大事。

頭形平坦，做事不夠果斷

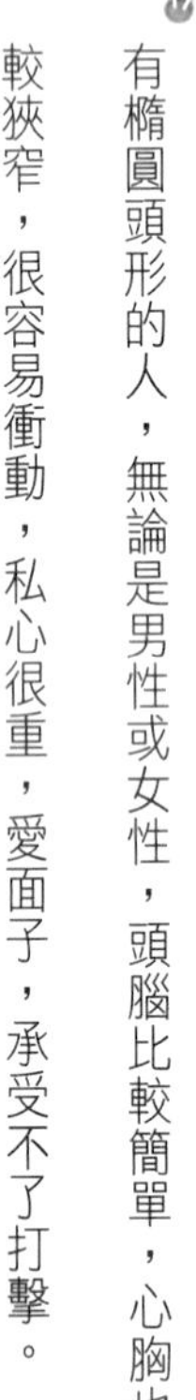

平直頭：猶豫

平直頭的特徵爲前額平坦、鼻樑、嘴巴、下巴都比較直，從側面看就像一個「D」，頭型介於「殘月型」和「新月型」之間。如果鼻樑高一點，就屬於很有智慧的人；如果鼻樑下陷，鼻孔上仰，大概就不怎麼聰明。

這種人大都不會深思熟慮，也不會盲目好動，因此給人一種猶豫不決的印象。有時候，他們會表現出心靜如水的模樣；有時候，他們又會給人一種怒火中燒的感覺。有人認爲這種人比較遲鈍，無論做什麼事情，成功的機會往往少於失敗的可能，「碌碌無爲」、「挫折不斷」可作爲他們的人生寫照。

對他們來說，最重要的是學會果斷，無論做什麼事情，都應該要求自己及時做出判斷，抓緊成功的那一瞬間。

橢圓頭：穩重

頭型橢圓的人，往往長著鴨蛋形的臉，也就是一般審美觀點認爲比較好看的一種臉型。有這樣一副面孔的男性，大都比較討人喜歡，因爲這種人的心裡十分明朗。他們做事一絲不苟，話不多，行爲穩重，有善於思考的優點。也由於一般都很細心，適合從事行政、管理、財會等方面的工作。

具有這種面孔的女性，給人聰敏的印象。她們喜歡讀書，愛好藝術，懂得料理家務，對人溫和，討人喜歡，很適合從事教師、醫生、秘書等職業。

研究資料也顯示，有橢圓頭形的人，無論是男性或女性，頭腦比較簡單，心胸也比較狹窄，很容易衝動，私心很重，愛面子，承受不了打擊。

額頭寬不寬，與聰明相關？

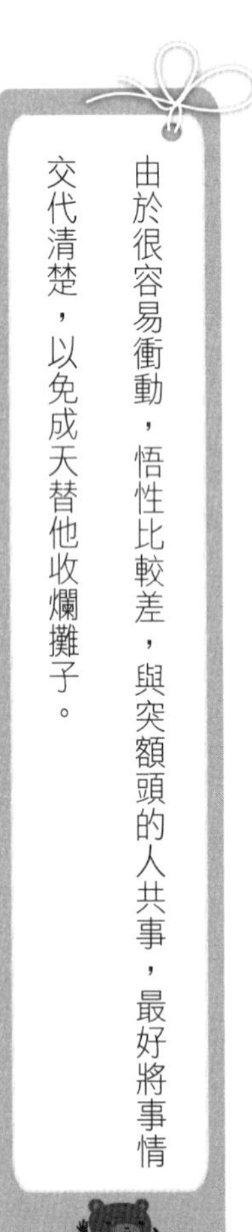

寬額頭：聰明

在一般人的心目中，額頭寬正是智慧的象徵。

中國古代有「天倉滿」是貴相的說法，指的就是寬額頭。研究面相學的人認爲這種人不僅富貴，還能獲得權力。

事實上，很多資料都證明，額頭的寬窄與聰明與否沒有太大關係。但也許額頭寬的人受到了傳統說法的影響，也相信自己的寬額頭代表智慧，經常進行積極的自我暗示，所以表現得比一般人聰明。

資料顯示，寬額頭的男人最明顯的特徵，是很會隱瞞內心的想法，有的人甚至能夠將秘密隱瞞一輩子。

縮額頭：實際

縮額頭的特徵是額頭後傾、眉骨高聳、鼻樑上挺、嘴唇短、下巴出奇地長，就像字母「G」。

這種人具有領袖特質，身懷很強的組織才能，妙語連珠、善於雄辯，讓人能夠明確感受到他們特有的魅力。

不過，這種人大都比較專制，固執己見，疑心病重，經常懷疑那些不需要懷疑的事情，造成他人的困擾。

縮額者思路敏捷，智商高且爲人謹慎，辦事踏實。他們重實際，有膽識，善於使用謀略，腦子裡的怪點子很多，稱得上是名副其實的怪才。

突額頭：經常後悔

突額頭的特徵爲前額比較突出、鼻樑下陷、嘴唇突出、下巴往後面縮。

這種人的性格特徵是一個「快」字，他們做事情的時候，常常都是做了再說，事前不經深思熟慮，行動快過思維，因而導致計劃難以周密執行，經常因草率而犯錯後悔。

這種人不夠實際，想法可用天馬行空形容。

一般來說，有一副好口才，很聰明，經常會生出令人稱道的想法，可惜缺乏必要的耐性，很難完成需要長期堅持才能成功的事情。

此外，由於很容易衝動，悟性比較差，與突額頭的人共事，最好將事情交代清楚，以免成天替他收爛攤子。

一眼從頭形看穿本性

禿頂的男人比較務實，有很強的責任感，能提供安全無虞的穩固保證，很多女人因此對禿頂的男人情有獨鍾。

三角頭：足智多謀

三角頭的特徵是前額又寬又高、下巴尖，臉型就像一個倒立的三角形。

這種人的智力很高，喜歡思考、善於推理、愛好閱讀、擅長藝術，足智多謀，具有很強的創造力。

但是，從很多實例來看，這種人體質虛弱，不喜歡到戶外活動，看來懶洋洋的，大都對體力方面的勞動有厭惡的傾向。

過往留下的多項觀察資料顯示，大凡思想家、發明家、文學家、教育家、設計師、評論家等，多屬於這種類型。

四方頭：精力充沛

四方頭的特徵爲前額的上部呈方形，下巴也是方形，甚至從整個身體來看，都有成爲方形的趨勢。

具有這種頭形的男性佔大多數，女性則比較少見。

四方頭的人精力充沛、性格活潑、喜歡運動、很愛冒險，酷愛追求自由，天性不受拘束，尤其鍾情戶外運動。

這種人的顯著特點是特別能吃苦，一般人認爲難以忍受的事物，在他們的眼裡常常只是小事一樁，所以適合從事實業家、探險家、運動員、飛行員等具有相當冒險性的事業。

一般來說，這種人不大喜歡理論，很注重實際，可一旦有機會發言，多能提出具建設性的意見。

不過，他們不太喜歡讀書或是喜歡思考問題，屬於頭腦簡單、四肢發達者。與生俱來生存的本領，就在於務實的精神和充沛的體力。

長方頭：擅長外交

長方頭的特徵是頭比較窄，臉有點長，近似於長方形。

這種人擅長外交，對人的態度溫和、友善、彬彬有禮，大都比較聰明機警，能留給別人很好的印象。

一般情況之下，他們絕不會採用武力以達到自己的目的，而會透過自己的智力去完成目標。因此，這樣的人非常適合當外交家、推銷員。

不過，他們也有某些缺點，這種人常常缺乏應有的勇氣和行動能力，屬於「有賊心，沒賊膽」者，而且多不善於理財，錢在他們的手裡，往往生不出更多的錢。

禿頂：有智慧

有一句令人叫絕的成語——「聰明絕頂」，常常被禿頭的人引用，試圖說明禿頂的人智商多半比較高。

資料顯示，禿頂的人大都很聰明，而且禿頂的男人常常有很大的成就，相貌瀟灑的男性常常敗在他們的手下。

有趣的是「聰明絕頂」這種福分，特別鍾情於男性，也就是說禿頭一般都只會遺傳給男性。科學研究顯示，如果父親是禿頭，兒子出現禿頭的機會是五十%，母親的父親（外公）如果是禿頭，也會將二十五%的禿頭可能性遺傳給他的外孫。

禿頂的男人比較務實，有很強的責任感，能提供安全無虞的穩固保證，很多女人因此對禿頂的男人情有獨鍾。

臉面就是最好的名片

瑞典人、德國人、義大利人的臉部特徵各不相同，
但歸根究柢，他們都是同一支族群的後裔，
是「漂變」塑造出形形色色的臉孔。

臉面就是最好的名片

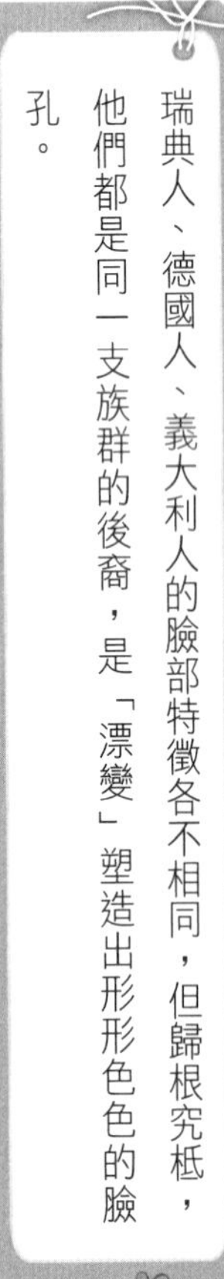

瑞典人、德國人、義大利人的臉部特徵各不相同，但歸根究柢，他們都是同一支族群的後裔，是「漂變」塑造出形形色色的臉孔。

臉是你的名片，上面印著的不是頭銜，而是你的性格。

西方有位哲人說過：「永遠也找不到兩片相同的樹葉。」我們也同樣可以說，世上沒有兩張完全相同的臉。

爲什麼人們的臉千差萬別呢？這是一個很令人感興趣的話題。

提出演化論的達爾文認爲，這是自然選擇的結果，臉也是人類適應自然環境後的產物。例如，南非人的鼻樑又低又短，俄國人的鼻樑卻普遍高且長，這是由於俄國地處高緯、氣候寒冷的緣故。高且長的鼻樑可以增大鼻腔的容積，保持溫暖濕潤，避免吸入寒冷乾燥的空氣，達到保護肺臟的目的。

科學家們推測，黃種人上斜的鳳眼和眼瞼內的褶皺，可能與亞洲中部地區多風沙有關。這種結構可以保護眼睛，使免受風沙塵土的侵襲。

諸如此類的臉部特徵，都能用適應自然環境來加以解釋，「天擇」成為「塑造」臉部特徵的動力。

另外，也有一些臉部特徵要從社會環境來解釋，例如非洲黑種人的嘴唇厚而突出，白種人的嘴唇薄而平坦，這是怎麼形成的？某些民族的男子流行蓄留絡腮鬍，但在其他民族十分少見，又該如何解釋呢？

達爾文認為，人類臉上的許多特徵是「性選擇」的結果。厚嘴唇、高鼻樑、絡腮鬍等特徵，在某些種族、部落中被視為健美的標準，具有這些條件的人容易覓得配偶，於是這些臉部特色便一代一代地普遍化，進而成為該民族的特徵。

當然，絕大部分生物個體的特徵，是由遺傳基因決定。

臉部的各種特徵都有著不同的控制基因，例如單眼皮和雙眼皮各有不同的基因型。在大型群體中，單眼皮基因型和雙眼皮基因型所佔的比例爲一穩定的值，稱爲基因頻率。如果讓這群人自由通婚繁殖，基因頻率將一代一代維持不變。但是，如果將這群人分成若干小群，遷移到一些地理上相互隔離的地區，小群中某些性狀基因頻率就可能與原來的大群不同。

此後，隨著這一小群人的盛衰變化，基因頻率隨機改變，後代中出現這些性狀的個體數也會發生變化。最明顯的例子，是美國賓州的「敦克爾人」，在十八世紀初從德國西部遷居而來。他們只在本族內進行通婚，形成一個半隔離的小群。如今，敦克爾人的臉部特徵不同於德國西部人，也不同於賓州的其他美國人，這種現象被稱爲「漂變」。

瑞典人、德國人、義大利人的臉部特徵各不相同，但他們都是同一支族群的後裔，是「漂變」塑造出形形色色的臉孔。

以上這些，對「觀相識人」提供了更多的科學依據。

「五官端正」可不可能？

左面人與音樂天賦有驚人的關聯，貝多芬、舒伯特、布拉姆斯、柴可夫斯基等知名音樂家都是左面人。

摸一下自己的額頭中央，看看額骨中間的那條縫是否位於正中間？然後再照鏡子看看鼻子是否端正，鼻尖是不是對準了人中凹陷的中央部份？

如果你發現自己的臉並不是左右對稱，請不要擔心，因爲根據資料顯示，根本沒有一個人是眞正「五官端正」的。

雖然按照一般常識，正常人的臉形應該左右對稱，但實際上，所有臉都是左右有別的，即使一個人的牙齒排列得很整齊，但是吃飯的時候，也總喜歡只用一側牙齒。同理，即使兩隻耳朵聽力正常，但當要仔細傾聽細小聲音時，仍會不自覺地「側耳聆聽」。

左右有別這一點，從一個人的外表上看是這樣，從一個人的內部結構看，也同樣是如此。隨著對大腦兩半差異的深入研究，科學家對於五官不對稱、不均衡的差異有了新的發現。就像每個人不是「右撇子」就是「左撇子」，每個人不是「右面人」就是「左面人」。

「右面人」的右下巴與額頭比起左側較爲舒展，右臉的皺紋比左面淺，甚至右邊的酒窩也不明顯，右眉梢比左眉梢高。

也有專家用電腦對說話者的嘴唇、舌頭和下巴的運動進行研究，統計顯示，右面人的右臉比左臉更靈敏，左面人的情況則正好相反。

左面人與音樂天賦有驚人的關聯，貝多芬、舒伯特、布拉姆斯、柴可夫斯基等知名音樂家都是左面人。

這項發現，與大腦右半球負責形象思維，左半球負責語言、邏輯思維的理論不謀而合。

臉型較方，個性較強

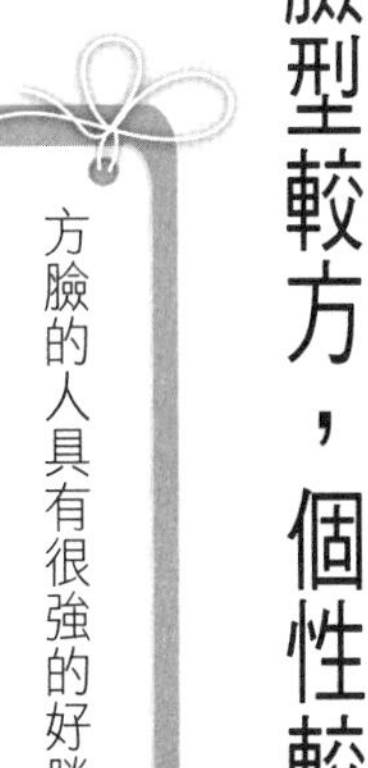

方臉的人具有很強的好勝心，適合從事具挑戰性的工作。這種人的不足之處是個性比較固執，有時顯得過度急躁。

方臉的人：爭強好勝

長得一副四方的臉，較會給人一種爲人堂堂正正的印象。由神經系統進行分類，因爲他們的大腦顱葉上部比較發達，神經主要分佈在臉的中部。臉型長方、骨肉發達是這種人的重要特徵。

一般來說，具有這種臉型的人，體力和腦力都不錯，無論從事腦力工作還是體力勞動，只要肯努力，一般都能夠取得預期的效果。

方臉的人具有很強的好勝心，適合從事具挑戰性的工作。軍人、運動員多擁有方形臉。這種人的不足之處是個性比較固執，有時顯得過度急躁。

圓臉的人：心地善良

許多人生來就長著一張圓圓的臉，下巴顯得比較寬，給人活潑、豐滿的感覺。這種人具有很強的活力，也顯得營養良好，心理學家把這種人稱爲「動物質」者。

具有這種臉型的人性格開朗、心地善良，很討人喜歡，有良好的人際關係。他們做事往往很爽快，只要聽說有事需要幫忙就會立刻去做，而且多能夠得到不錯的成績。

由於對事對人都相當盡力，這類人很適合從事爲群衆服務的工作。這種人的不足之處，在於處理事情不夠嚴謹，如果能夠結交比較謹愼的朋友，並且經常得到的開導，必能有更好的成績。

三角形臉的人：敏感

這種臉型的基本特徵爲額部發達，下巴不但突出而且很瘦。觀察發現，具有這種臉型的人身材比較修長，但體力比較差。這樣的人一般都屬於勞心者，頭腦敏捷，氣質佳。

臉型偏向三角的人，可以把自己的職業目標定在比較具有藝術氣息的工作上，例如作家、學者、教師、藝術家……等。如果從事體力勞動，常常會由於力氣不足而難以有好的發展。

三角形臉的人大都很敏感，往往能從一般人認爲很平常的東西當中，發現不少奧秘。

有的人額頭看起來很寬，下巴卻顯得很窄。這種人如果不修邊幅，很容易給人一種窮愁潦倒的印象。如果他們注意自己的形象，便會帶給人一種清高的感覺。具有三角形臉的人，如果顴骨很突出，下巴又尖，就會很像所謂的「尖嘴猴腮」，最好注意修飾自己，才能帶給人好印象。

學習與板著臉的人溝通

最有可能流露出眞實情感的部位，正是臉頰。

經常臉紅的人，大都是年輕、羞怯又不擅社交的人。在複雜世故的環境中，這種人顯得毫無經驗且天眞之外，可說相當可愛。

此外，有不少人習慣整天板著臉孔，不讓別人知道他們內心想些什麼。板著臉悶悶不樂的人，心中經常會有許多古怪的想法，他們的言談舉止都依循著一套自以爲很好的理論，卻往往令人費解。

總是板著臉的人，性格相當固執。

這種人對很多事情都很敏感，對於各種東西都很挑剔，即使是很細小的事情也不會輕易放過，例如寒暄的詞語、說話的方式等等，只要稍微不如他們的意，他們便會耿耿於懷，過了很久也不會忘記。

這樣的人不一定是壞人，只是與一般人不太一樣。

與這種人相處，應該先瞭解習慣，多說一些他們願意聽的話。只要用詞跟態度不引起排斥，其實他們也能夠接受別人的意見。

板著臉孔的人一旦發現自己受到他人的重視，就會盡心盡力地辦事，變得較爲親切。可以說，這是他們最難得的一面，也是最終依然能夠與一般人溝通的重要原因。

下巴透露一個人的自我意識

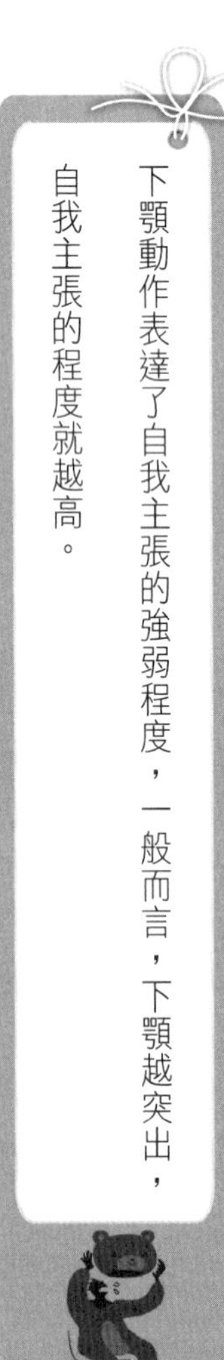

方下巴的人：有毅力

人們經常用「天庭飽滿，地閣方圓」來形容一個相貌好看的人，下巴方正的人一般都會給人較成熟可靠的印象。這種人爲人比較厚道，懂得關心照顧身邊的人，所以也同樣能夠得到別人的關心和照顧。

方下巴的人很有毅力，如果能夠學會超脫，不要過分插手不相干的事情，就能避免許多不必要的困擾。由於懂得妥善地照顧自己所愛的人，因此，人們普遍認為這樣的人對愛情比較專一。

下巴又長又寬的女性，下嘴唇與下巴之間的距離看起來比一般人遠。模樣雖然不好看，卻給人比較穩重的印象。

她們大都不會隨便發脾氣，做什麼事情都認眞細緻，不會敷衍了事。在愛情方面，這樣的女性比較專一，不會見異思遷，談戀愛必定以結婚為前提。她們對於當面一套、背後一套的人，向來深惡痛絕。

作為女性，從表面上看來，似乎過於嚴肅，但她們的內心是很溫柔的。若身為男性，千萬不要忽視了這樣的女性。

下巴方正的男人大都很固執，唯我獨尊、自以為是，不會接受別人的意見。他們很會記仇，一旦受到不公正的待遇，便會耿耿於懷，而且時常掛在嘴邊。不過，這種人雖然會記仇，卻不一定會報仇，因為他們的天性很善良，未必會選擇以牙還牙，甚且可能對此感到非常煩惱。

下巴方方正正的人，一看就知道好勝心很強。這種人由於很有自信，所以辦起事來很有毅力，不達目的誓不罷休，多能完成艱鉅的任務。

尖下巴的人：很理智

如果一個人的下巴形狀尖尖地，像一根楔子一樣，將很容易給人留下一種虛情假意的印象。一般來說，這種人比較理智，感覺很敏銳，日本知名作家芥川龍之介就是這樣的一副長相。

另外，這種人比較善於鑽營，懂得巴結上司，但若不懂克制，便會帶給別人不誠實的負面印象。

在愛情上遭遇挫折，是他們經常遇到的問題。在這樣的家庭裡面，夫妻之間常常會互相猜忌，有時候甚至鬧到形同陌路。事業上，尖下巴的人職位經常受變動，且很難擔任重要的職務，因此，他們比較適合自由業。

長下巴的人：重感情

從正面看，這種人的下巴比較細長，從側面看，則有些向內傾斜的傾向，在東方人當中並不少見。這種人的性格雖然比較複雜，但很重視情感，無論是交友還是戀愛，都會全身全力地投入，給人眞誠的印象。

他們的性格很外向，心裡藏不住話，碰上什麼事情一定要一吐爲快，且喜怒哀樂表現極端，高興時手舞足蹈，生氣時則拍案而起，毫不客氣。

這種人雖然很重感情，但由於不懂得忍氣吞聲，所以很容易得罪人。

長下巴的人對於不公平的事情非常看不慣，很容易因此大動干戈，經常惹是生非。若不克制，運氣必定不好，一輩子都不會順利，很難成就大事。

下巴前突的人：性格強

下顎是爲人類或動物擔任發聲和咀嚼的器官，相當重要。

從外形上看來，男性的下顎與顴骨一般都帶有稍許稜角。研究發現，男女下顎形態的差別具有相當程度的重要性，例如男人裝扮成女人時，無論如何精心修飾，都能從下顎看出破綻。

人體發音學家研究發現，下顎決定一個人的聲音性質，比如電視、電影幕後配音員的工作分配，正有一部份取決於下顎的形狀。

觀察下顎的形態，能夠推測某人的一般傾向，得出諸如「擁有意志堅強的下顎」或是「尖細的下顎表示神經質」等結論。當然，若想更進一步探求對方究竟在想些什麼、想要表達什麼意見，單憑下顎的外觀形狀是不夠的，還得留意下顎的動作，才能徹底理解行爲語言表示的意義。

關於下顎的動作，最容易讓人注意到的是「突出」、「收縮」等等。在英語中，下顎爲「Jowbone」，作爲動詞使用時，具有「極力說服」的意思。同時，「Hold Your Jow」字面上的意思是「縮起你的下巴」，在語言交際中就是「住嘴」之意。

事實證明，當一個人處在極度疲乏的狀態之下，往往會做出「伸長下顎」的動作。除了這種由於行爲上的要求而表現出來的姿態之外，一般而言，不論男女，「突出下顎」多少都傳遞出攻擊性，可視爲一種表示想要「撲向前狠狠揍一頓」的動作。

根據專家研究指出，下顎動作表達了自我主張的強弱程度，一般而言，下顎越突出，自我主張的程度就越高。

毛髮濃不濃密，可以看出性能力

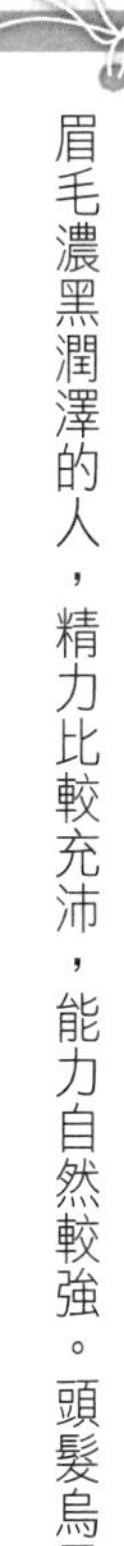

眉毛濃黑潤澤的人，精力比較充沛，能力自然較強。頭髮烏黑濃密的人，性能力必定非常旺盛。

顯而易見，從一個的外貌可以獲得很多訊息，甚至包括了性能力。例如，毛髮濃黑的人，性能力多半很強。

透過不同部分的毛髮，可以研究出關於性能力的相關訊息：

• 眉毛

《黃帝內經》上說：「藏精於骨，現精於眉。」意思是說，人的精氣隱藏在

骨髓當中，但是可以從眉毛上顯示出來。

從現代科學的角度上看，這種說法並不準確，但是眉毛濃黑潤澤的人，精力確實比較充沛，能力自然較強。

・頭髮

古書上說：「腎衰則髮墜，腎盛則髮長，腦髓減則髮白。」

意思是說，腎衰的人容易掉髮，腎健康則頭髮長得好，若是大腦腦髓減少，頭髮就會發白。

確實如此，頭髮和腎的關係很密切，等同於腎的外在表現，能夠察知腎的強弱。腎與性能力是一致的，腎好，性能力就強，所以頭髮烏黑濃密的人，性能力必定非常旺盛。

・鬍鬚

鬍鬚與性功能的關係較其他部位的毛髮密切，男性發育到了青春期，如果還沒有長鬍鬚，就可能是陰莖包皮太長，必須多加留意。

有的男人一直不長鬍鬚，但是與女性接觸並發生親密行為之後，很快就長出鬍鬚來了，這就代表了鬍鬚與性有一定的連帶性。

一般來說，男性的生殖器受到傷害，鬍鬚就會長得比較差，中國封建社會的太監就是由於生殖器被閹割，所以不長鬍鬚。

鬍鬚形狀不同，人的性格也有所差異。

首先，鬍鬚「卷如螺紋」的人心胸比較寬闊。人們認為這種人聰明豁達、膽識過人，能夠高瞻遠矚，心胸廣闊，可以成就大事。

其次，鬍鬚「長如解索」的人比較風流。這種人雖然喜歡美色，但是不至於淫亂，經常得到「風流顯榮」之類的評價。

這裡要特別強調一點：性能力與好色與否，並不等於同一件事。

很多事實證明，不少人雖然有很強的性能力，但懂得潔身自愛，從來不拈花惹草，行為合宜，相當值得稱許。

從耳朵也可以看出一個人的性格

左右耳大小不一致的人，在處理事情時常常採用雙重標準，有人認為這是因為他們本身具有雙重人格傾向。

人的耳朵不僅是聽覺器官，還是構成人體美的重要組成部分，這點是毫無疑問的。一般而言眞正標準且健康的耳朵，必須滿足輪廓完整、肉質肥厚、耳廓寬大三要件。

人的耳朵，分爲外耳、中耳和內耳三部分。

外耳像一個喇叭，主要的功能是收集外界的聲波。中耳，是外耳與內耳之間的孔隙，包括鼓室、耳咽管和乳突三部分。最外壁是鼓膜，可以顫動，功能是辨別聲音的強弱、大小和遠近，前壁有一根小管，被稱爲耳咽管，與咽喉相通，鼓室內有三塊小骨，它們彼此相連，將聲波傳到內耳。

一般人認爲女性之美主要表現在眼睛、眉毛、鼻子和嘴巴上，往往忽略了耳朵的重要。其實耳朵也是展現女性美的一個重要關鍵，耳朵的輪廓好、線條美，能使容貌更好看。

中國古代人娶媳婦要先看耳朵，因爲耳朵與腎臟有關，若大而肥厚，表示腎氣旺，不容易疲倦，較可能生出健康的孩子。

那麼，耳朵在洞察別人的性格方面，有什麼重要的意義呢？

《內經》等醫書認爲「耳者，宗脈之所聚也」，意思是說耳朵是人體經絡匯聚的地方，與人體的內外都有密切的聯繫。

例如，耳朵發紅可能是受到激動、冷、熱、飲酒等因素影響，但如果不是由於這些原因而經常發紅，則代表這個人的血液循環良好，此類人性格比較活潑，腎功能很好，且多半比較好色。以上都說明了一個道理耳朵所透露出來的訊息，對於瞭解一個人是非常重要的。

耳朵低於眉毛的人：猶豫

一般來說，耳朵比眉毛低的人，腎臟的位置也比較低。

這種人很講究滿足物質方面的需求，他們能夠團結人，具有領導才能。但在壯年和中年時期，應該特別留意私生活方面的問題，否則不僅會傷身體，還可能毀壞名聲。

一般來說，耳朵過於細小的人，膽子也會比較小，做起事來常常猶豫不決，下決定時又往往考慮不周。

這樣的人意志不夠堅定，常常生活在苦惱之中。

兩耳大小不一的人：狡猾

如果一個人的耳朵兩邊大小不一，便很可能在人們心目中留下不好的印象，且這樣的人在幼年時代多得不到充足的母愛和關懷。

左右耳大小不一致的人，在處理事情時常常採用雙重標準，有人認爲這是因爲他們本身具有雙重人格傾向。

兩邊耳朵大小不一致的人，身體可能不太好，應該多加留意。

耳朵裡長毛的人：長壽

耳朵裡的長毛叫做「耳毫」，東方人認爲這是長壽的表徵。有許多耳朵長毛的人都很長壽，這可能與他們本身的腎氣旺盛有關，中醫有「耳爲腎之竅，手足少陽經俱會於耳」之說，具有一定的道理。

從親吻就可以識人

當然，要在戀愛的時候正確地判斷一個人的個性，只透過觀察親吻這一點便做出結論未免有點偏頗，但不失為一種可供參考的指標。

西方國家有一句名言：戀愛中的人是盲目的，意思是指，在戀愛的時候，人們爲情所迷，往往無法對於對方的人品做出正確的判斷。

這在一定程度上是事實，但只要懂得方法，談戀愛的時候還是可以保持「一半清醒一半醉」。

稍加留意對方的舉動，例如親吻的部位，就可以看出一個人的個性。

・頭髮

兩性關係上，這種人比較愛吃醋，嫉妒心很重，具有強烈的佔有欲。在感情交往過程中，他們常常會受到挫折，甚至爲情愛身敗名裂。

・額頭

懷抱積極開創人生的態度，人際關係良好，能夠付出溫柔體貼的感情。這種人的愛情，可謂盡在不言中。

・眼睛

這種人可以不惜一切爲愛情犧牲，希望能夠征服心目中的情人。資料顯示，他們也喜歡親吻性感帶。

・鼻子

這是最熱衷於性愛的一種人，天生帶有一點雙重性格，他們很貪玩，不容易建立良好的事業基礎。

・臉頰

這種人比較平和，「以和爲貴」是他們的處世準則。比較重視友誼，能夠忠於愛情，但也因此比較容易受騙。

・耳朵

這種人是最善解人意的，很容易瞭解別人的心事和痛苦。在感情上，他們敢愛敢恨，有時會利用別人達到自己的目的。

・嘴部

這種人有很強的道德觀，對愛情相當專一，一旦吻了別人，往往就代表已經認定對方。

・脖子

這種人對愛情多半三心二意，在他們的認知裡，根本不存在天長地久的愛情，卻經常要求對方死心塌地等待自己。

・肩部

這種人在精神上很需要安慰，但無論內心有多麼渴望，都不會輕易表達出來。這樣的人，很容易掉進別人安排好的圈套之中。

・手臂

這種人很善於尋找機會，懂得試探別人的需要，尋找良好的機會。

・手背

這種人常常被別人稱爲「情聖」，他們不僅很擅長掌握男女之間的感情，還懂得伺機而行，野心相當大。

・手心

很渴望得到對方的眞心，希望談一場有品味的愛情。

・腳和腳趾

這種人比較尊重對方的感覺，通常會將對方視爲生命中最重要的人物，因此寧可委曲求全。

當然，要在戀愛的時候正確地判斷一個人的個性，只透過觀察親吻這一點便做出結論未免有點偏頗，但不失爲一種可供參考的指標。

眉毛是判斷性格的重要指標

眉毛同時上揚或者相互趨近，
表示嚴重的煩惱和憂鬱，
慢性疼痛病症的患者便經常如此。

讀懂眼睛裡的言語

可以透過眼睛瞭解人的內心世界，因為人體用來傳達資訊的所有器官當中，眼睛是最重要的，能傳遞最細緻的情感。

「眼睛是靈魂之窗」，透過這兩扇窗戶，可以窺見一個人的情感、心智與靈魂。作家愛默生就說：「人的眼睛和舌頭一樣會說話，不需要字典，就能夠從眼睛的語言中瞭解整個世界。」

心理學家研究認爲，一個人的眼神正，心就正，眼神若不正，心裡必然有難言之隱。孟子說：「心正則眸子瞭焉，心不正則眸子眊焉」，這句名言有著深刻的人文精神和科學依據，相當可信。

專家認爲，在人與人的交流中，眼睛傳達出來的訊息是最清楚、最正確的。我們經常從文學作品中讀到眼睛是「智慧的」、「會意的」、「善良的」、「兇惡的」、「冷漠的」……如果眼睛無法傳遞人的感觸，諸多作品就不至於會如此描寫了，不是嗎？

我們通常會認爲眼神渙散的人缺乏足夠的判斷力；眼睛大且明亮的人，常常都是比較聰明、多才多藝的；斜視的人，大都比較奸詐；眼光總是朝上看的人，往往生性高傲、目中無人；眼光總是往下看、不敢直視對方，如果不是因爲害羞，那麼就可能比較陰險；眼神飄忽不定，東張西望者，很可能是個騙子；眼中布滿血絲象徵剛愎自用或是十分疲憊；眼光含笑的人，被稱爲「桃花眼」。

可以透過眼睛瞭解人的內心世界，因爲人體用來傳達資訊的所有器官當中，眼睛是最重要的，能傳遞最細緻的情感。

因此，我們該學習透過眼睛這個「靈魂之窗」透視人的性格和心理。

眼睛越小，對事執著度越高

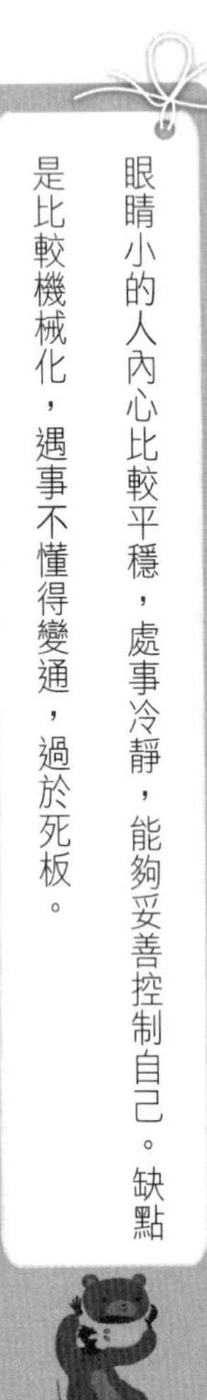
眼睛小的人內心比較平穩，處事冷靜，能夠妥善控制自己。缺點是比較機械化，遇事不懂得變通，過於死板。

眼睛小的男人往往不善言詞，跟女性交往比較笨拙，性情樸實，不會投機鑽營、佔別人的便宜。他們做起事來專心致志，埋頭苦幹，因此多能在事業上有一定成就。

由於他們不太會說話，不活潑，不善於交際，所以不會朝三暮四，總是腳踏實地地做事情。

眼睛小的人做事比較有耐心，無論處境多惡劣，不達目的誓不罷休。但相對的，這樣的人常常比較保守，做事一板一眼，不敢越雷池一步，非常適合當財務人員。

根據觀察發現，眼睛細小的人做事很細心，懂得穩紮穩打、步步為營，很講究計劃性。他們從來不會操之過急，無論做什麼事情都按部就班。同時，這種人也比較善良，具有奉獻精神，但是有一個很大的缺點，就是缺乏主見，有盲目跟隨潮流的傾向。

有的人長著一對小而黑的眼珠，遇到事情時，眼珠在眼眶裡打轉，給人一種很機靈的印象。可惜這樣的人常常無法做出正確的判斷，而且還很固執，自以為是，因此不能輕信他們提出的主意。

眼睛小的人內心比較平穩，處事冷靜，能夠妥善控制自己。缺點是比較機械化，遇事不懂得變通，過於死板。

藉眼睛將行事風格分析透徹

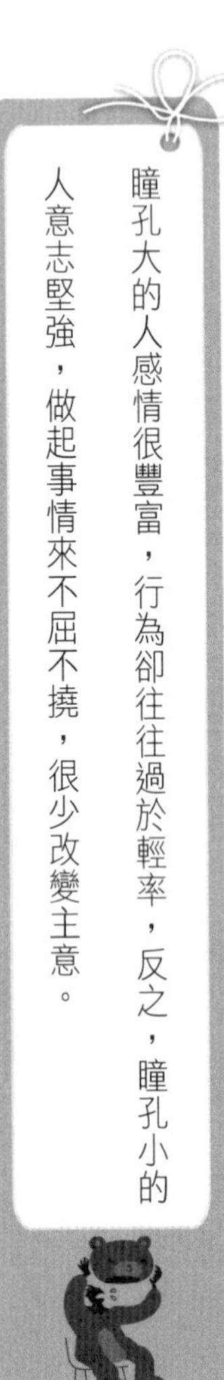
瞳孔大的人感情很豐富，行為卻往往過於輕率，反之，瞳孔小的人意志堅強，做起事情來不屈不撓，很少改變主意。

瞳孔太大的人：散漫

人的瞳孔是人不能自主控制的，在光亮的環境當中，瞳孔的放大與收縮表示一個人的態度和心情，正面心情與負面心情之間的轉化，都可以從瞳孔的縮放表現出來。一個人興奮的時候，瞳孔會比平時明顯擴張，相反地，在生氣或消極的狀況下，瞳孔就會收縮到很小。

觀察瞳孔的變化來揣度對方心理，是商人常用的方法。他們與顧客談價錢的時候，都會注意對方瞳孔的擴張程度。已故船王歐納西斯與人談生意時一般都會戴著墨鏡，如此才不會洩漏心中的想法，他的這個習慣人盡皆知，相當出名。

觀察發現，瞳孔大的人感情很豐富，行爲卻往往過於輕率，計劃不夠周密，常常是興之所至就立即動手，可一旦遇到困難又會很快地打退堂鼓，缺乏應有的韌性和毅力。

反之，瞳孔小的人意志堅強，做起事情來不屈不撓，很少改變主意。由此可知，瞳孔大的人意志散漫，缺乏恆心，機會來了也抓不住。

但是，這種情況是可以改變的，我們不妨從小孩子身上取經：小孩茫然的時候常常會張大嘴巴，瞳孔也由於放鬆而擴大，但當他們閉緊嘴巴，瞳孔就會跟著縮小。也就是說，透過「咬緊牙關」的方法，可以改變這種習慣。

眼睛圓的人：悟性好

眼睛圓的人給人較機靈的印象，這樣的人比較聰明，反應靈敏，常常憑著第六感行事。這種人的不足之處是比較貪心，很容易得寸進尺，沒有什麼信義可言。不僅如此，他們經常自以爲是，自尊心很強，做事武斷。

儘管外表看起來很威武，但實際上內心非常脆弱。

有些人的眼睛特別圓，特別突出，就像金魚的雙眼一樣。這樣的人做事常常是大剌剌的，對任何事都是一副滿不在乎的模樣。

眼睛下陷的人：自律

有的人眼眶下陷，就像一個深邃的洞穴。他們做事情比較慢，而且很仔細，能夠透過事情表面的現象看出本質，具有很強的洞察力。

但也由於做事冷靜，總是三思而後行，因而給人膽子較小的印象。

他們一般都能夠廉潔自律，內心世界很坦白，是人們常說的謙謙君子。在實際狀況中，他們的衣食住行也確實比較樸素，如果能夠爲官，無疑會是比較清廉的政治人物。

眼睛大，個性靈活開放

大眼睛的女性通常不會做壞事，不會害人。她們的性格開朗，心中瞞不住事情，若是有什麼心事，必會在有意無意中流露出來。

眼睛大的男性：好說空話

擁有一雙明亮的大眼睛是一件幸福的事，因為這不僅讓外型更迷人，還象徵著靈活的個性。

眼睛大的男人，一般比較靈活大膽，各方面的能力都不錯，辦事效率高。他們善於花言巧語，性情活潑、態度和藹、善解人意，很會迎合女性的心理，也很能打動女人的心，特別是虛榮心較重的女人。

由於有辦法讓女孩子在不知不覺的狀況下對他傾心，因此，這種男人談戀愛的成功率很高，而且自稱是花花公子。

大眼睛的男人很會說話，音質優美，是天生的演說家，善於辯論，很擅長抓住對方的話柄。但是這種人的心地很善良，不會認眞地去看待辯論的輸贏，所以給人一種心胸比較開闊的印象。

他們的心裡往往會想一些虛幻的東西，並且四處張揚，可實際上未必會付諸行動，好說空話。

這種人的想法和計劃很多，但沒有幾件會眞正付諸實踐。有時，即使眞的去做，也總是虎頭蛇尾，難以獲致成功。

眼睛大的女性：藝術感強

很多女演員都有一雙明亮又大的眼睛，這並非僅僅由於外型亮眼，還因爲大眼睛的女性天生具有較優異的表演才能。

眼睛大的女人較有藝術天份——靈魂之窗是展示女性美的重要地方，大眼睛的女孩可說是得天獨厚。女人擁有一雙明亮的大眼睛，是一件很幸運的事情，得以爲她增添幾分迷人的魅力。畢竟，在一般人的心目中，漂亮的女人都生著一雙迷人的大眼睛。

大眼睛的女性通常不會做壞事，不會害人。她們的性格開朗，心中瞞不住事情，若是有什麼心事，必會在有意無意中流露出來。

這種女性在談戀愛的時候比較開放，不會過度羞怯忸捏。即便作爲一般的朋友，大眼睛的女性也比較容易接近。

有趣的是，兩隻眼睛距離較大的女性，與人交往也比較容易。在婚姻上急於求成的男人，追求這類女性會更容易達到目的。

眉毛是判斷性格的重要指標

眉毛乍看不太重要，卻被稱爲「保壽官」。

從生理上來說，眉毛對於保護眼睛是有極大功勞。在美學功能上，眉毛的作用也不容小覷，「眉清目秀」向來是貌美的重要指標。

眉毛位於雙眼之上，一個人眉毛長得是否對稱，與他的性格和能力有一定的關係，古人甚至經常根據眉毛長短來判斷人的壽命。

最優秀的眉毛要求滿足四個條件：「清秀有光」、「疏爽有氣」、「彎長有勢」、「昂揚有神」，也就是說，眉毛應該展現出光、氣、勢、神。

眉毛帶有光澤，顯示生命力旺盛。年輕人的眉毛大都比較光潤明亮，老年人的眉毛往往比較乾枯缺乏光彩，正是因爲年輕人的生命力旺盛，老年人的生命力則開始衰退。擁有神采奕奕的眉毛能給人良好的印象，得到他人更多的提攜，成功的可能性自然更大。

以下，就從眉毛的幾種形式，來討論與性格之間的關係：

• 眉毛疏朗的人有修養

生就一副疏朗有氣的眉毛，會給人一種朝氣蓬勃的印象。眉毛不在多少，只要有生氣，就會給人一種良好的感覺，使他人另眼相看。如此自然會得到不少幫助，讓成功的可能性大爲增加。

• 眉毛長而有勢的人易成功

具備這類眉毛的人，正如一句話所形容「一望有乘風翱翔之勢」。可以這麼說，此類眉毛具備了光亮、疏朗、昂揚的優點，給人很好的印象。

每當我們的心情有所變化，眉毛的形狀也會跟著改變，進而傳遞出許多不同的重要信號，一般有以下幾種：

・揚眉

眉毛有氣象、有起伏，給人一種明朗高雅的感覺；眉毛短促而有神氣，也帶來一種氣勢感。

如果眉毛太長且缺乏起伏，就會像一把直挺挺的劍，讓人覺得過於直率坦白。這種人的脾氣比較火爆，喜歡爭強好勝，一輩子都把自己攪得不得安寧。反之，如果眉毛太短，甚至露出眉骨，又缺乏應有的生氣，就會給人過於單薄的印象。這種人個性刻薄，甚至會無端地跟他人過不去。

・皺眉

眉毛並非垂直降低，而是同時略微內向，使兩眉之間的距離較平時接近。

皺眉有兩種，一種屬於防護性，只為保護眼睛免於受到外界的傷害；另一種則帶有侵略性，表現出單純的不同意，或煩惱、盛怒等情緒。

・挑眉

這是前述兩種動作的混合，眉毛一邊降低，另一邊上揚。它所傳達的資訊，介乎揚眉與低眉之間，半邊臉顯得激越，半邊臉顯得恐懼。出現這種表情的人，心情通常處於懷疑狀態，揚起的那條眉毛就像是提出的一個問號。

・結眉

眉毛同時上揚或者相互趨近，表示嚴重的煩惱和憂鬱，慢性疼痛病症的患者便經常如此。

・閃眉

眉毛先上揚，然後在瞬間下降，這種向上閃動的動作，是全世界最常見的重要歡迎信號，它還經常用於一般對話，達到加強語氣的效果。

眉毛連續閃動是一種近似丑角的表情，以誇張地表示情緒。

・聳眉

眉毛先揚起，停留片刻後再降下，與閃動不同之處即在短暫的停留。這種動作有時是單獨發生，有時會伴隨著嘴巴的聳動，所表示的感情多爲悲傷、驚訝或是厭惡的。

摸清鼻子和脾氣的連帶關係

要觀察一個人的脾氣是暴躁還是安靜，膽量是大還是小，鼻子所提供的資訊非常重要。

鼻子是人的呼吸器官，相當重要，因爲人的身體需要足夠的氧氣才能確保血液循環，進而產生熱能。

鼻孔是人體一個永遠不停的通道，從出生那一刻開始，一直到死亡爲止，都得透過鼻子吸收新鮮的空氣，並排出廢氣。

人的鼻子與臟腑關係非常密切，因此可藉以瞭解人的健康狀況。

鼻子可分爲三部分：兩眼之間最低的地方稱爲鼻根，也稱做山根；中部稱爲鼻樑，尖部被稱爲鼻頭。

考古學家研究證明，人類祖先的鼻子比較低，後來大腦越來越發達，鼻子才變得越來越高。

那麼，對於現代人來說，怎麼樣的鼻子才算標準？

一般來說，鼻子的長度最好佔臉部全長的三分之一，高度則在長度的二分之一左右，這樣的鼻子被稱爲長鼻子或高鼻子，也就是最標準的鼻子。

有意思的是，遠從漢朝起，中國人就稱西洋人爲「高鼻子」。爲什麼東方人體質不如西方人，特別是男人的體質差異更大？除了人種不同之外，是不是也與鼻子有些許關係？

觀察鼻子，對於瞭解人的性格、心智等，又有什麼重要的意義？

古人曾經說過：「鼻者面之山，不高則不靈。」「鼻通於氣，以察神志之躁靜，心膽之強弱，爲人生最重要之竅象。」

這兩句話的意思是說，要觀察一個人的脾氣是暴躁還是安靜，膽量是大還是小，鼻子所提供的資訊非常重要。由此可見，古人在「鼻子觀人」這一點上已經累積了豐富的經驗，並得出可信的結論。

・鼻子過於高大——自私

長著這種鼻子的人外貌出衆，但是由於氣勢太盛，給人的印象總不脫唯我獨尊、旁若無人。

他們是利己主義者，比較自私，做事大都只爲自己打算，對他人多漠不關心。因爲很缺乏自知之明，所以不容易聽別人的勸告。

如果女性有這樣的漂亮鼻子，肯定是個十分自信的女人，但由於帶著一股極強的攻擊力，因而缺乏一般女人特有的溫柔。這種女性說起話來盛氣凌人，並且語言尖刻，容易傷人。

・鼻子高細——巧於辭令

大凡能言善辯者，往往是鼻樑又細又高的人。他們談吐超群、巧於辭令，但也因此顯得過於輕浮，不容易有好的人際關係。

言語尖刻的人，一不留意就會傷人，因此，應該明白「禍從口出」這個道理，謹慎地管住自己的嘴。

• 鼻子高而無肉——愛說空話

有的人長著一條高高的鼻樑，卻只見骨不見肉，給人華而不實的印象。他們說起話來滔滔不絕，實際上卻沒有什麼眞本事。

鼻樑高本來是容貌好看的條件，但如果鼻樑高而無肉，就會顯得突兀、怪異，自然給人一種「不可輕信」的感覺，認爲他們做事既不認眞，也不踏實。這種人應該更加留意爲人處世態度，力求做到言而有信，靜下心來完成一些實實在在的事情。

與此相反，鼻樑高而有肉的人則有很強的行動力，敢於拚搏、吃得了苦，不怕困難，事必躬親。

鼻子細小，做事相對潦草

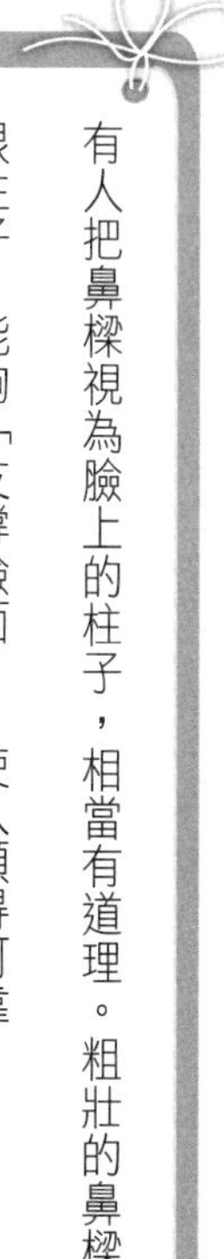

鼻孔太小的人：節儉

鼻孔小的人通常很節儉，有時甚至吝嗇，給人愛財如命的感覺。他們從來不會輕易亂花一分錢，只要有錢就會存下來。

但研究發現，這種人總是很難富有，且因爲過度小氣摳門，所以很難結交知心的朋友。他們得到的錢，都是花費很大的心力掙來的。

同樣的道理，鼻孔大的人被視爲容易「漏財」者。他們辦事不懂得精打細

算，總是隨心所欲。面孔小鼻子大，更被當成是「漏財」的標準長相。

事實上，能夠致富的人，往往正是這種捨得花錢的人，因為賺錢就要靠「四兩撥千斤」的手段。

鼻子豐滿的人：精明

這種人善於精打細算，把錢看得很重，對輸贏也很重視。他們行事穩重，處理事務比較有條理，但是也因為太看重輸贏，所以心理承受能力比較差，一般禁受不了突如其來的打擊。

鼻翼豐滿給人富態的感覺。一般來說，這種人體格比較健壯，如果當運動員，可能會取得不錯的成績。

「圓滑」是經常被用來形容八面玲瓏者的詞語，肥腴、呈現圓形的鼻頭，也帶給人們這樣的聯想。這種人是典型的外向型社交家，樂於幫助他人，展現出濃厚的人情味和同情心。這種人的缺點，是做事缺乏明確的計劃性，不懂得適度劃分事情的輕重緩急，也因此耐力較差。

鼻子細小的人：粗心

有人把鼻樑視爲臉上的柱子，相當有道理。粗壯的鼻樑就如同一根柱子，能夠「支撐臉面」，使人顯得可靠。鼻樑太細會讓人覺得鼻子「撐不起臉面」，不值得輕信。他人的這種行爲暗示，往往也會對於這種人造成影響，慢慢地，他們就眞的「撐」不起來了，逐漸缺乏鬥志、做事懶散，總是抱著得過且過、做一天和尚撞一天鐘的心態。這種人只能做一些簡單的事情，一旦需要冒險，就會立刻打退堂鼓，一輩子都只能當手下，很難擔任領導者去指揮人。

有的人鼻子細小且扁平，臉上缺乏起伏，彷彿平原，給人一種很不起眼的印象。正是由於不被重視，所以形成一種隨性的生活習慣。

這種人的約束力很差，做事缺乏目的。女性如果生就這樣的鼻子，往往禁不住誘惑，很容易上當受騙。

鼻子細小扁平的人要注意自我管理和修養，凡事都該預先制定出明確無誤的計劃，特別留意不要隨意聽信別人的花言巧語，以免後悔莫及。

豐滿鼻樑象徵意志堅強

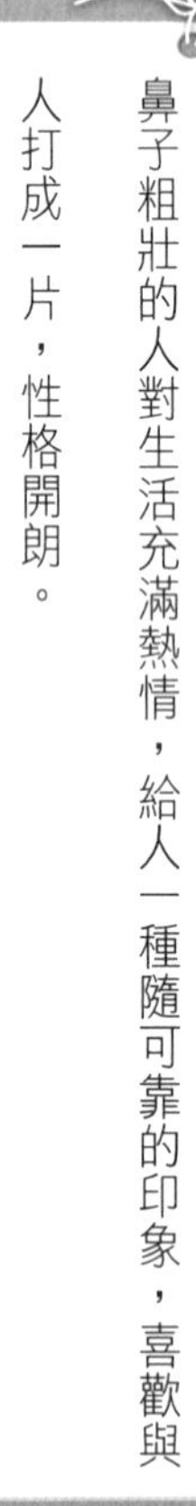
鼻子粗壯的人對生活充滿熱情，給人一種隨可靠的印象，喜歡與人打成一片，性格開朗。

人們在觀察陌生人的時候，必定會先看對方的眼睛，接著再看鼻子，這是由於鼻子位於臉的中部，而且突兀而起，容易引起注意。

古人將鼻子稱爲「面之山」，認爲鼻子是「個人精力的表現」。一個人若是擁有一條具有充分長度和高度的鼻子，長有豐滿的肉、鼻樑筆直，容貌就會給人良好的印象。

這種人的鼻樑不像一般標準的鼻子，中段肉比較多，讓人感到很踏實。他們的意志堅強，無論是在家庭裡還是事業上，都能夠獨當一面。同時具有較強的能力，財運也比一般人好。此外，因爲工作踏實，任勞任怨，還有不錯的交際能力，往往事業有成。

古今中外，大人物絕大多數都屬於鼻樑豐滿者，爲什麼會如此呢?從上面的論述我們可以看出，這是自然而然的事。

鼻子粗壯的人對生活充滿熱情，給人一種隨可靠的印象，喜歡與人打成一片，性格開朗。

他們的適應能力很強，朋友衆多，有辦法得到許多人的幫助。這種人對工作很認眞，做什麼事情都會全力以赴，且由於他們的努力，連帶地提升了成功的機會，從而形成堅定的信心，無論做什麼事情都充滿生氣。

從鼻子看出暗藏的心思

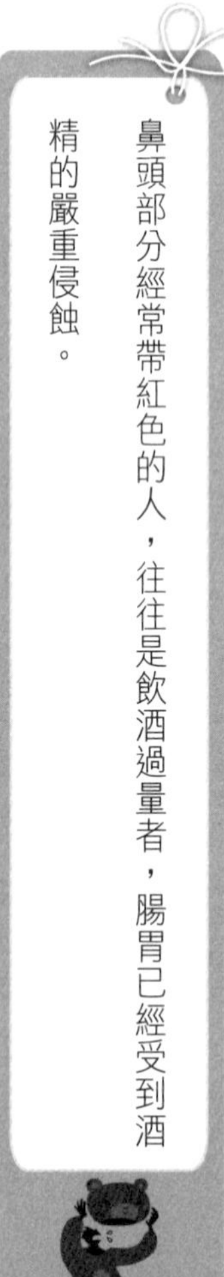

鼻孔上翻的人：貪財

袋子是用來裝錢的，而鼻孔像袋子一樣向上翻的人，也讓人們感覺他們的鼻子是裝錢的袋子。

這種人掙錢的欲望強烈，見錢就抓、有錢就賺，愛錢如命。但是他們只想進不想出，一分錢也捨不得花，就是典型的守財奴。

有的人鼻孔往上翹，甚至鼻毛冒出鼻子外，就像拿著一把槍指著別人。看到這種人，人們必定會覺得他們十分粗野。

鼻孔上翻的人中氣很足，說話聲音宏亮，而且常常「出口成髒」。他們做事魯莽，既不講求情理，也不講方法，讓人難以接受。

鼻子發紅的人：腸胃不好

鼻頭部分經常帶紅色的人，往往是飲酒過量者，腸胃已經受到酒精的嚴重侵蝕。一個人如果腸胃不好，對身體絕對會造成相當嚴重的負面影響。因此，鼻子發紅的人要特別注意身體。

此外，這對於外貌也有不良的影響，很多人初次見到這樣的人，都會留下不太好的印象。

這種人愛慕虛榮，總是誇口自己有多行，想讓人看得起，卻不認眞去學習眞正的本領。

鼻頭冒汗的人：心理緊張

鼻頭冒汗代表心理和生理都處於緊張。

這種情況的出現，究竟根源於何種原因，必須根據具體情況加以判斷，例如當時談話的內容、場景，對方的態度等等。

在與人交流時，如果氣氛令人感到緊張或焦躁不安，那麼，當事者不僅鼻頭會冒汗，腋下、掌心也會出汗。

但如果這種情況發生在雙方沒有利害關係時，就可能是當事者的心裡感到慚愧，良心受到了譴責。

在與人交流的過程中，如果對方的鼻孔稍微膨脹起來，大部分時候表示正感到不滿。人的鼻孔脹大往往導因於內心憤怒、恐懼或是高度興奮，因爲無論是憤怒還是興奮，都會使呼吸急促、心跳加快，導致鼻孔膨脹，是精神亢奮的一種重要表現。

在交流過程中，如果對方鼻頭突然冒汗，表示心理感到緊張或焦躁，可加以特別留意。

鼻子噴氣的人：做事不順

鼻子經常噴氣的原因，有以下兩方面：一是心情煩躁，二是身體不適。心情煩躁是暫時的現象，身體不適可能是長期不良狀態導致的影響。

對於事業發展與人際關係，都會造成不良的影響。

這種人最好要多加修練自己的品格，學著不要過度悲觀或是嚴重化，不要將許多根本不重要的事情掛在心上。

此外，也要多加留意自己的身體狀況，唯有擁有健康的身體，才能更加著力發展自己的事業。

這是一種不好的習慣，要努力克服。只要讓自己的心情舒暢，就用不著如此怒氣沖沖的了。

從興趣看出更多內心訊息

多愁善感的女性給人一種很需要
受到重視的感覺，
對於那些憐香惜玉的男人來說，
具有很大的魅力。

以愛好識人是門大學問

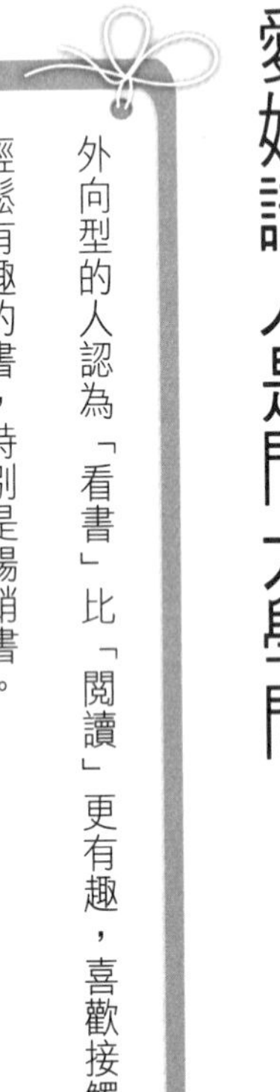

「世事洞明皆學問，人情練達即文章」，透過一個人的興趣愛好去分析個性特點，是一門很重要的學問。

由一個人的興趣愛好，多半能夠看出他的性格特質，例如愛花的女人比較純潔、喜好音樂的人比較內向、愛足球的男人熱愛生活等等。

光是從下棋的習慣就可以看出一個人的個性，諸如有的人喜歡出奇制勝，有的人穩紮穩打，步步爲營；有的人經常悔棋，有的人顧頭不顧尾等等。

不同年齡的人下起棋來風格必定不相同，年輕人下起棋來轟轟烈烈，可是不到幾分鐘就一敗塗地；年長者老謀深算，下起棋來猶如行雲流水，表面上看來風平浪靜若無其事，卻暗藏殺機。

觀察人的讀書習慣，也能作爲判斷個性的依據。

有些人非常喜歡讀書，對書如癡如醉，稱爲「書蟲」。他們喜歡的不是漫畫或雜誌等消遣讀物，而是專業書。

他們讀書非常仔細，一行一行地看，一個字一個字地讀，力求細細地品味出字裡行間的深刻寓意。即使是看小說，他們也會聚精會神地認眞閱讀，不隨意略過任何字句。

如果碰到喜歡的章節，他們有時會將它背誦下來；碰到不容易理解的段落，他們會重複閱讀，直到讀懂了爲止。這樣自然會耗去不少時間，但由於興趣使然，他們對此不會太在乎。

外向型的人認爲「看書」比「閱讀」更有趣，喜歡接觸閱讀比較輕鬆有趣的書，特別是暢銷書。這些人有很強的從衆心理，看這類的書可以幫助他們找到更多能打入人群的話題。

這種人讀起書來速度很快，特別是看小說，囫圇吞棗地一口氣翻完，有時看過就忘。有些人爲了急於知道結局，會從後面讀起，如果覺得內容不精采，就會隨手把書扔到一旁，去做別的事情。

外向型的人對純文學多不太感興趣，比較喜歡紀實性作品。

內向型的人讀的書內容比較廣泛，偏愛純文學或富有哲理的書籍。他們遇到問題的時候很少請教別人，而是去圖書館或書店裡尋找相關書籍。

即使是遇到不順心的事，他們也會靜悄悄地從書中尋找答案，而不會顯露於言表，或向別人求教。

沉迷賭博小心大起大落

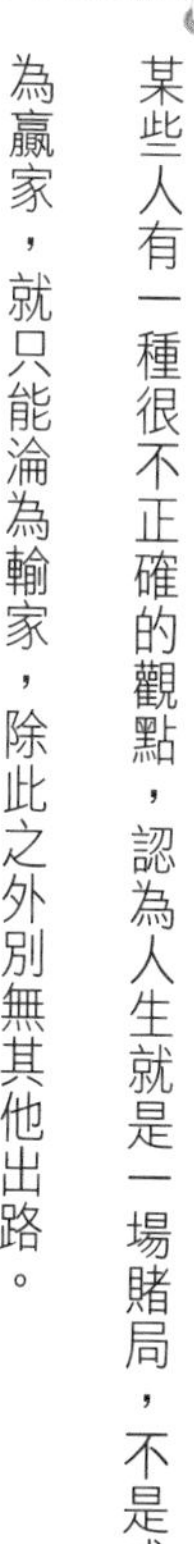

愛賭博的女性：空虛

對女性來說，最寶貴的東西不是金錢、名譽、地位，而是人品、青春。前者失去還可以復得，後者卻是一去不復返。

女性沉迷賭博，常常都是受身邊男性的引誘影響。一旦坐上賭桌，如果不知收斂，青春和品格就會全部賠進去，以換取情感的放蕩和物欲的燃燒。

打麻將是現代女性最主要的賭博方式，若沉溺其中，經常會把家庭、丈夫、孩子等忘得一乾二淨，甚至變得十分粗暴。

大多數女性並非天生好賭，之所以沉迷賭博是由於內心空虛，感到心癢難忍，因而把賭博當成人生中最有意思的事情。

顯而易見，戒賭是唯一的出路。

愛賭博的男性：大起大落

某些人有一種很不正確的觀點，認爲人生就是一場賭局，不是成爲贏家，就只能淪爲輸家，除此之外別無其他出路，因此一輩子都想在賭桌上拚個輸贏，無心以踏實方式經營人生。

喜歡賭博的人可以分爲兩種，第一種賭徒認爲，想要輕鬆賺大錢，賭場是最好的地方，任何發財方式都不如賭博來得快。他們相信，只要運氣來了，一夕之間就可以成爲百萬富翁、千萬富翁。

但實際上，有幾個人能在一夕之間由窮光蛋變成大亨呢？

第二種賭徒認爲，賭博是一種人生的體驗，等同於自我實現，只有在賭桌上，自己的人生價值才會得到實現。就是爲了這一次次驚心動魄的人生實現，深深地陷於其中不能自拔。

這種人喜歡的不是錢，而是對刺激感上癮。

在好賭男人的心目中，賭博就是一切，在賭桌上，自己就是「大爺」，可以完全憑感覺行事，根本不用去看別人的眼色，只要願意，做什麼事情都可以。這種男人，無論表現得多有氣魄，實際上相當平庸，成不了氣候。

也有人雖然不去參加賭博，但具有很強的賭徒心理。這種人在做事的時候，與賭徒有相通之處，不顧後果，孤注一擲，因此不適合掌握財經大權。但由於敢於冒險，這種人往往有更多成功的機會。

好賭者大都難有好結局。運氣來的時候，他們腰纏萬貫，一呼百應，衆星拱月，可一旦手氣不好，必會妻離子散，落魄到生不如死的地步。

嗜好不同，個性不會相同

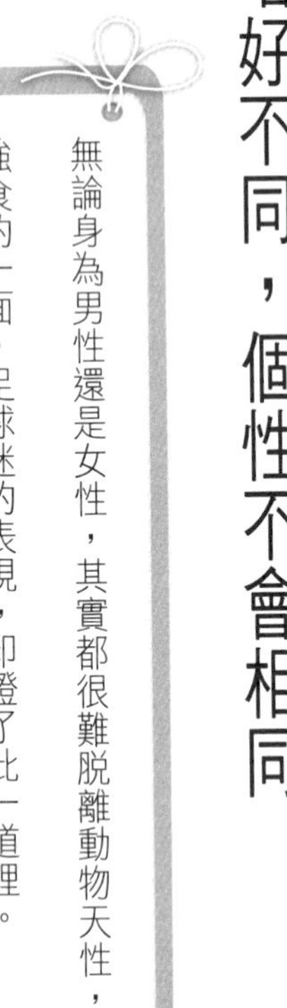

愛足球的男性：酷愛生活

男性當中，有許多對足球極感興趣。確實如此，足球讓很多男士魂牽夢縈，觀看球賽是他們日常生活中一個很重要的組成部分。

不少男性認爲，不看足球賽的人缺乏男子氣概。無論是在看台邊呼叫、對罵、大打出手，或是在電視機前又哭又笑，他們都認爲是理所當然的。與其說是爲足球吶喊，倒不如說是一種力量的表現。

在球迷的心目中，足球不僅僅是一場比賽，更是一場戰爭。足球比賽與其他體育比賽的最大的不同處，在於成敗關鍵爲體力、功夫和意志，近乎於弱肉強食的競賽方式很接近人的天性，所以受到男性普遍歡迎。

無論身爲男性還是女性，其實都很難脫離動物天性，特別是弱肉強食的一面，足球迷的表現，印證了此一道理。

另一方面，熱愛足球的男性一般也比較熱愛生活，很多事情提得起也放得下，因此，在競爭中獲勝的可能性較高。

愛繪畫的男性：胸懷寬廣

接下來，讓我們看看另一種截然不同的類型——喜歡書畫的男性。

不少人會將繪畫作爲一種很好的消遣，寄情於丹青，熱衷於收藏字畫，不僅從報刊雜誌上把自己認爲好的字畫剪下來，更會從書畫店中買回喜愛的字畫，愼重加以收藏。

愛下棋的人是爲了避開社會生活與人爭勝，愛書畫的人動機和目的則不在於爭強好勝，而是爲了自娛。

愛旅遊的人在名山大川間獲得自信，愛好書畫的人在字畫當中更添氣質。

愛好書畫者對財富的追求不會很強烈，但精神境界相當充實。當然，這種人難免有附庸風雅的毛病。

從興趣看出更多內心訊息

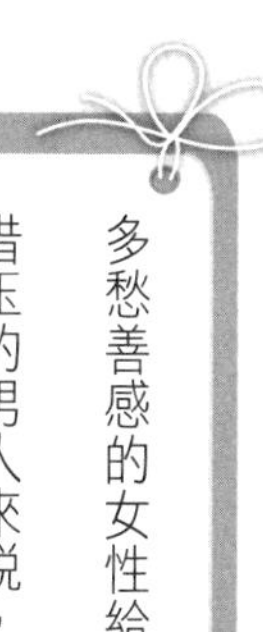

多愁善感的女性給人一種很需要受到重視的感覺，對於那些憐香惜玉的男人來說，具有很大的魅力。

愛藝術的女性：浪漫

法國文豪雨果曾經說過這樣一句話：「精神像乳汁一樣可以養育人，智慧則是乳房。」

「智慧的乳房」對一個女性來說很重要，喜歡藝術的女性可以透過藝術的薰陶使自己更加富有智慧靈性，煥發出更美麗的光芒。

女性學習繪畫書法，通常沒有男性那般成名的強烈欲望，而是希望透過這種方式來陶冶提升自己的智慧和情操。

她們多具有古典風韻，給人很有氣質的好印象。

女性熱愛藝術，主要目的是爲了自娛，她們在愛情方面的表現比較自尊自重，無論多麼渴望或嚮往都不會輕易拋棄原則。低俗的男人，很難騙得這類女性的情感。

愛音樂的女性：直覺強烈

研究顯示，女性的直覺比男性強，愛好音樂的女性對此更是敏銳。

人類大腦有明確的分工，左腦主要掌管抽象事物，右腦主要掌管具體的東西，音樂正屬於左腦管轄的範圍。若具備音樂天份，再略爲加以訓練，直覺必定會越來越敏銳。

女性的聲音輕柔圓潤，對音樂有著較強的接受能力，所以她們的音樂才能和愛好一般都比男性突出。

由於直覺很強，喜歡音樂的女性往往會發現一般人不容易發現的事情，因此較多愁善感。

別人認爲很細微的事，她們卻可能會耿耿於懷，久久不能放下。

多愁善感對男性來說並不是好事，但對於女性卻未必是一件壞事。多愁善感的女性給人一種很需要受到重視的感覺，對於那些憐香惜玉的男人來說，具有很大的魅力。

愛逛街的女性：青春長久

女性普遍具備的興趣，正是逛街。

有人曾說：「世界上沒有愛逛街的男人，更沒有不愛逛街的女人。」雖然過於絕對，但不無道理。

經常可以看見這樣的畫面：一對夫妻上街，丈夫跟在後頭，妻子走在前面，丈夫的肩上掛著、背上背著、胸前抱著大包小包，滿臉無可奈何，妻子卻輕鬆自在地於人群中穿梭，掃過各個櫥窗。

這樣的女性有兩大特點：一是愛美，二是好奇心重。

因爲愛美，她們會不斷接受新訊息，力求能夠趕得上流行；因爲好奇心重，她們會在逛街的過程中發現很多意想不到的事情。

對於服裝、化妝品等，她們就算不買也要仔細地研究。對於丈夫買回來的東西必定是十二分不放心，因此，她們的丈夫經常受到妻子的嚴厲批評，從而學到不少購物的知識。

不過，凡事都要適可而止。建議這類女性不要對丈夫買回來的東西過度品頭論足，否則會導致矛盾衝突的發生。

刻意清高刻薄，日子不會好過

真正具有魅力的女性，不但可以征服男性，也可以征服女性。在她們的身上，不僅有性的魅力，更有人的魅力。

自視清高的女性：自戀

古希臘神話中，納西薩斯（Narcissus）是河神之子，經常到泉邊去觀看自己的倒影，最後淹死在泉裡，變成了一朵水仙花。

後來，水仙花就成爲自戀者的象徵。

自戀的女性常常逃避男性的追求，深愛著猶如水仙花般的自己，這樣的女性實際上是變相地自我放縱，承受沉寂和孤獨。她們把自己關在小小的天地裡，不願走出去，也不准別人走進來。

在日常生活中，表現越是清高的女性，自戀傾向就越嚴重，常常自以為高人一等，因此孤芳自賞，與外界格格不入。

自戀的人常常自以為是，聽不進別人的意見，這是個性上的一大敗筆。

刻薄的女性：命比紙薄

有些女性說起話來很刻薄，常常把人罵得狗血淋頭。她們可能美貌非凡，因此把身邊的男人和女人都說得一無是處；或許她們自認為很了不起，因此用尖酸刻薄的話語來突顯自己的過人之處。

經常拿別人的不足之處來取笑，是這類女性常用的手法。

她們會在大庭廣眾之下對一個打扮不入時的人說：「哎呀！妳今天怎麼穿得這麼漂亮？」被諷刺者自然面紅耳赤，這個說話刻薄的女人心裡則充滿了自豪，覺得自己是如此不平凡。

從心理學的角度來說，自視較高沒有什麼不好，有時反倒表示了心靈的純潔。但是，說話刻薄的女性，利用自己的伶牙俐齒無端地傷害他人，是一種令人厭惡的行爲。

刻薄的女性可能給人一時的新鮮感，但是時間一久，在他人心目中就會只留下酸味了。很多資料顯示，這樣的女性，很容易被同性攻擊。

一個眞正具有魅力的女性，不但可以征服男性，也可以征服女性。在她們的身上，不僅有「性」的魅力，更有「人」的魅力。切記，把自己的魅力當成武器去傷害別人是一種不好的行爲，等同於受到嫉妒心控制。

女性的刻薄比男性更可怕，即使她們本身有什麼過人之處，但只要有一張尖酸刻薄的嘴，一切美好就都不足以彌補。這樣的女性很難得到別人的認同，與朋友之間的關係經常鬧僵，婚姻也不會太美滿。

溫順的女性：家庭和諧

女性說話時，若顯現出淡雅溫柔的性格，自然會獲得他人的青睞。

研究資料顯示，很多男性都喜歡這種女性，對於粗聲大氣說話的女性則比較反感。看在男性眼裡，男性化的女性無疑是在與他們爭名奪位。男性在外面的世界與他人競爭，回到家裡就等於回到安全的港灣，渴求的是甜蜜和溫馨，這類女性正好可以滿足這方面需要。

女性的一句甜言蜜語，就像涓涓的溪流，給男性溫馨甜蜜的感受，家庭的和諧、生活的幸福，都不可能離開這些條件。

有的女性不喜歡說話，她們選擇不用言語與人溝通，而是靠心靈與他人對話。有人將這樣的女性比擬爲默默的春雨，雖然悄無聲息，但卻滋養著天下萬物。女性沉默寡言的原因，可能是多方面的，但大都能給人一種靜默的美感，讓人覺得溫順。

這樣的女性很有奉獻精神，無論做什麼事情都是默默的，與人交談時，聲音輕輕柔柔的，看見熟識的人，臉上會浮現淡淡的笑容。她們知道庸俗與輕浮都是沒有教養的表現，懂得克制自己。

她們對愛情有獨到的見解，認爲談情說愛是一種感覺，心靈的一種默契。她們會把對某位男性的感情藏在心裡，獨自細細品味。

「心有靈犀一點通」是這類女性判斷他人的主要方式，她們認爲「我愛你」不是掛在嘴上的甜言蜜語，而是雙方心靈的交流。

沉默的女性不會直接傳達情緒，從她們的面容上也很難看出端倪。看在這樣的女性眼中，在男性的面前撒嬌、流淚、哭訴都是不太好的行爲，因爲她們認爲，每個人都應該具備獨立的人格和性格，才會被人看得起。

她們的愛，是用心去愛，很少赤裸裸地表現出來。這樣的女性對男性的缺點看得比較透徹，只是不說出來而已。

沉默的女性具備自然的美麗和氣質，令男人覺得踏實、溫暖。

一般來說，這種女人是現實主義者，她們認爲，說出來不一定有用，有用的東西不一定要說出來。美好的事物常常是藏而不露的，過於表面的東西往往不值得珍惜。

由開車方式看性格

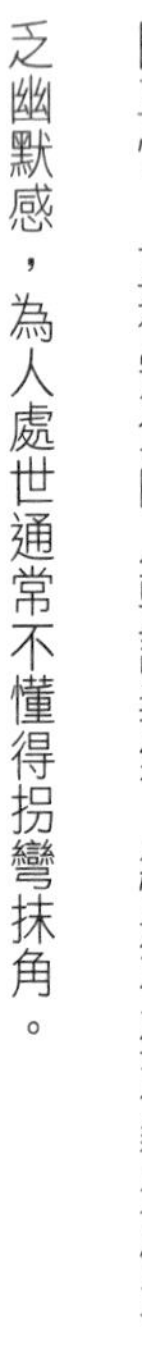

可曾注過身邊親戚朋友的開車方式？開車的時候，許許多多小動作裡，都藏著有趣的訊息。

獨自開車的人：內向

有的人開車的時候總是默不作聲，即使旁邊坐著很親近的家人朋友也是如此。這種人的個性比較內向，好惡分明。由於很重視第一印象，思維有明顯的先入為主傾向。

這類人不會討好別人，是很誠實的理想主義者。但過度優柔寡斷，無法爽快地答應一件事情。

開安全車的人：古板

有的人開車特別慢，不違反交通規則，是一個標準的駕駛者。開車之前，必會先仔細地檢查車況，確認沒有問題才上路。

這種人的個性比較古板，做事很認眞、腳踏實地，但因為對人比較嚴肅，有時顯得過分固執。

開車慢、重視安全的人較講義氣，總是不聲不響地做事。

他們缺乏幽默感，為人處世通常不懂得拐彎抹角。別人不太容易理解他們，他們也不太有興趣去瞭解別人。

塞車時不慌不忙的人：隨和

有的人開車能保持不緊不緩，特別是塞車的時候，一般人會焦躁不安，這種人總是從容不迫，一步一步地跟著前面的車，顯得相當鎮靜。

這樣的人隨和且開放，即使是與人初次見面，也能和對方融洽相處，就像老朋友相聚一樣，很少碰上難以交流的情況。

這種人比較直率，對人熱情，辦事能力不錯、悟性佳，關鍵時刻經常能表現出果斷力，做出正確決策。

剎車過早的人：謹慎

有的人在開車的時候，明明離停止線還有一段距離，卻要急忙踩剎車，好像生怕會出什麼事情一樣。

這樣的人一般來說比較謹慎，有時甚至是膽怯。他們的神經太過敏，給人杞人憂天的印象。

由於沒有什麼主見，一遇到事情就六神無主，無法提出好的解決方案。

他們並非沒有能力，只是太在乎別人的看法，導致不敢做出決定或是提出內心的想法，猶豫不前。

喜歡超車的人：好勝

有的人開車的時候一心想要逞強，如果不能超過前面的車，心裡就覺得不舒服。這種人不服輸，爭強好勝，由於比較注重外在，表面功夫往往做得很好。在上司面前，他們唯唯諾諾，表現得十分無能；但在下屬面前卻很狂妄，一副得意洋洋的架式。

也有人很喜歡超車，但超車之後又不加速，而是不斷從後照鏡裡看後面的車，等到對方快要追上來的時候，才再次猛踩下油門，不讓別人超過自己。

這類人往往比較霸道而且充滿自信，喜歡從事競爭性較強的職業。他們的做事速度很快，一般不會輕易相信別人，有唯我獨尊的傾向。

可以想見，這種人是典型的自我主義者，一旦自己處於劣勢，心裡就會感到很不愉快，甚至還會因此生病。

有潔癖的人，做事比較有效率

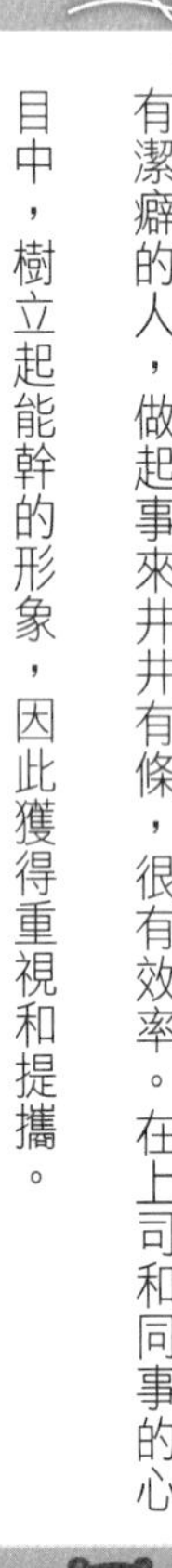

有潔癖的人，做起事來井井有條，很有效率。在上司和同事的心目中，樹立起能幹的形象，因此獲得重視和提攜。

由於個性、背景與其他各方面的差異，不同的人會對不同的事物感興趣，也有不同的癖好和堅持。

熱心社會活動的人：執著

有的人對於社團、社會活動等比較熱心，喜歡爲他人服務。這樣的人很有信念，往往信奉某種主義，比較重視家鄉、母校、家人等。

他們很討厭半途而廢，一旦決定做一件事情，就會下定決心進行到底，自尊心很強。因為具有較強的人情味，因此，往往會得到其他人的信任。

這種人嚮往名譽和地位，但對金錢看得比較淡，這是不同於一般人的地方。心中懷抱著一股超越常人的強烈欲望，所以顯得比較執著。

如果要請這種人出手相助，可以多次登門拜訪，總會達到目的。主動做一些讓他們感動的事情，有助於換取信賴。

愛清潔的人：工作有條理

有潔癖的人就跟熱衷社會活動的人一樣，在這社會中，所佔數量越來越多，比例越來越大。

講究衛生是每個人應該要做到的事情，可是，有的人對此要求太高，覺得整個世界都是汙濁不堪的，這就是「潔癖」。

這種人當然有男有女，但根據調查資料顯示，女性多於男性。女性比男性講究整潔，這是普遍的現象，但若永無止盡地講究衛生時，就有些過頭了。

會養成這種習慣，往往與人的職業有一定程度的關係，譬如醫生、護士、餐飲人員……等等。由於他們每天都看到很多骯髒的東西，所以常常會有追求清潔的欲望。

凡是有潔癖的人，只要一有時間就會不停地打掃，衣服洗了又洗，房間一遍一遍地清掃，手一再搓洗，就怕讓任何一點髒東西侵害自己。有時候，一天甚至要洗好幾次澡，因爲他們總覺得自己身上有什麼異味。

這類人對於一丁點的灰塵都無法容忍，不把髒的東西掃除乾淨，就不能放心。如此的舉動雖然讓許多人看了覺得不習慣，但並非太大的問題，所以多能得到人們的寬容。

工作方面，他們一絲不苟，做起事來井井有條，很有效率。在上司和同事的心目中，樹立起能幹的形象，因此獲得重視和提攜。

透視內向者的興趣傾向

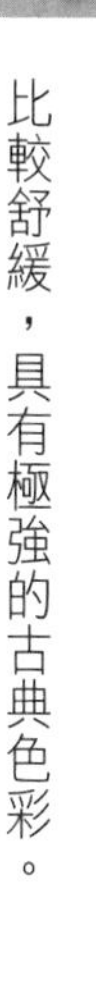

內向型的人所選的歌曲，往往是經典，唱起來比較高雅，聽起來比較舒緩，具有極強的古典色彩。

喜歡觀測天體的人：內向

有些人喜歡仰望滿天星斗，細心地觀看浩瀚無垠的宇宙，因爲他們的心可以在幽深神奇的地方感到無窮無盡的樂趣。他們會藉著星星交談以思考永恆，與人類的思想加以對照，藉此探求人生的眞諦。

他們之所以沉醉於浩瀚的星空，並非只單純爲了觀賞星辰的美好閃耀，也不一定是喜好銀河系的壯美，而是寄託著他們的一種心緒。人類科學程度還無法企及的神秘領域，在他們的心中佔有很重要的地位。

沉醉在浩瀚星空的人不會太熱衷於跟人交流，一心尋求充滿神奇的世界，內心也比較純潔。

迷戀野鳥的人：個性內向

喜好與大自然融爲一體的人，個性通常比較內向。

當這種人走在林蔭道上，只要發現一隻小鳥，即使連名字都不知道，他們也會停下腳步，豎起耳朵，傾聽鳥兒的聲音。

他們喜愛帶著照相機和望遠鏡到山上、河邊或樹林中，去觀察鳥類的行蹤，傾聽悅耳的叫聲。他們可以隨口說出很多野鳥的名稱，外向型的人則不太可能辦到，很可能只知道燕子和麻雀而已。

不僅到野外去觀察鳥類，他們還會積極參加各種賞鳥會等。

這種人具有慈悲心，不會成爲獵殺野生動物的劊子手。

熱衷於保護大自然的人當中，必定有喜好野鳥者。

癡迷於電腦的人：內向

電腦，現在已經成爲現代人不可或缺的用品。但是，一般來說，個性外向者較少對電腦入迷。

內向型的人，多半對於數字和機械相關事物較擅長，學起來不必花費太大的心力，學習電腦對他們來說，根本是輕而易舉的事情。

讓內向者特別感興趣的，正是電腦的「千篇一律」，面對電腦時，他們會感到一種明確的安全感。他們認爲，與人類相較，電腦更加實在，一旦擁有自己的電腦，就恨不得把它隨時隨地帶在身邊，這種人正是最典型的內向者。

對於單調且非常秩序化的事情，外向型的人往往不容易適應，但對於內向型人而言，等同於再好不過的工作。

對於電腦，如果不是工作上的需要，外向型的人往往敬而遠之，即使偶爾玩玩，也不過是爲了打發無聊的時間。

愛好古典音樂的人：內向

音樂可以分爲很多種，不同個性的人對音樂的選擇必定截然不同。

對熱熱鬧鬧的流行歌曲著迷的人，一般都較外向型，天性喜歡熱鬧。個性比較內向的人，則會喜歡古典的音樂。爲了能夠仔細地欣賞這類音樂，他們會不惜成本備辦各種各樣的音箱和各種各樣的光碟等。

內向型的人所選的歌曲，往往是經典，唱起來比較高雅，聽起來比較舒緩，具有極強的古典色彩。他們喜歡聽音樂，但寧可戴著耳機，一個人靜靜地聽，而不像外向型的人那樣，大方地在大庭廣衆下與他人共同欣賞。

喜歡古典音樂的外向型人，大都喜歡前往音樂廳、演奏會之類場所，在他們心裡，聽古典音樂倒在其次，眞正的目的是與人交流。

可以說，他們還是更適合流行音樂或比較熱鬧的音樂。

愛好陽台園藝的人：內向

喜歡好陽台園藝的人愛好很廣泛，從野生的雜草到五彩繽紛的花卉都渴望接觸，並把這類事情當成很大的樂趣。

這種人的感情很豐富，心比較細，能夠記住不少的花鳥草蟲，並對它們投入很深的感情。他們的心目中有這樣一種信念，認爲人的一生，總應該有些不斷追求的事情。

外向型的人也可能喜歡花鳥草蟲，但往往是憑一時衝動就從花市買回一盆漂亮的花，或者動手栽一棵小小的仙人掌之類植物，但由於無法精心照料，可能過不了幾天，可憐的花草就會渴死。

這些人對植物的名稱也沒有多大的興趣，所以，有時甚至連自己所種的是什麼都說不出來。當有人問及這方面問題的時候，他們的回答很可能是：「不知道，反正好看就好。」

喜好植物是內向型人的特徵之一。由於對植物有一種較強的親近感，他們喜歡把一些小植物放在自己身邊。

大凡種植花草、培植盆景、觀看植物等，他們都樂此不疲。

打開手提包，個性躲不掉

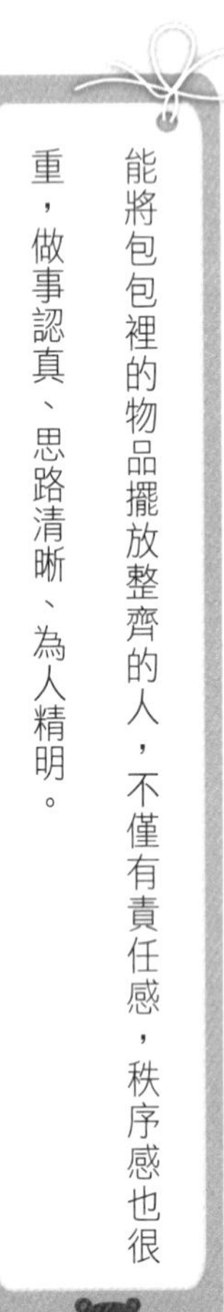

包包又滿又亂的人：大剌剌

你必定見過這種現象：有些人出門的時候，總是將手提包裝得滿滿的，因此萬一要找某種物品，就得把手提包裡的東西全都翻出來。

這種人個性通常是大剌剌、不拘小節的。

在日常生活中，有這種習慣的女性屬於比較冷淡的類型，她們不大體貼別人，做事不太謹慎，工作態度比較隨便。

這種人雖然比較容易接近，但也比較容易分開。

在職場上，具有高度責任心的人，不太容易跟這類型人合作。

手提包內雜亂無章的人，通常意味著缺乏秩序感，不太會整理物品，做事情也比較馬虎。

包包裡應有盡有的人：辦事認真

有些人的手提包裡，各式各樣物品應有盡有，如眼鏡、梳子、衛生紙、手機、鏡子、化妝品……等。

如果是一位女性，那麼一定是做事情很嚴格且認真的人，而且這種女性具備很強的處理問題的能力，通常行事仔細，很會持家，對人體貼入微，並且比較有遠見。

這種情況如果發生在男性身上，極有可能會過分地拘泥細節。

手提包內應有盡有的男人，一般而言生性謹慎，思慮較嚴密，但有過於嚴厲、保守的傾向。

包包裡層次分明的人：責任感強

有些人的手提包裡雖然裝有很多物品，但是擺放得井井有條、層次分明，無論要找什麼東西，隨手就可以拿到。

這種人通常具有強烈的虛榮心與自尊心，做事認眞，生活有條理，擅長待人接物，規劃生活，對工作有高度的責任感。

能將包包裡的物品擺放整齊的人，不僅有責任感，秩序感也很重，做事認眞、思路清晰、爲人精明。

觀察，就是最好的識人方法

狡滑的人會將會議內容以及
每個人的話一點不差地呈現給高層，
卻不會表明半點自己的看法與觀點。

經營真感情，靠吃醋萬萬不行

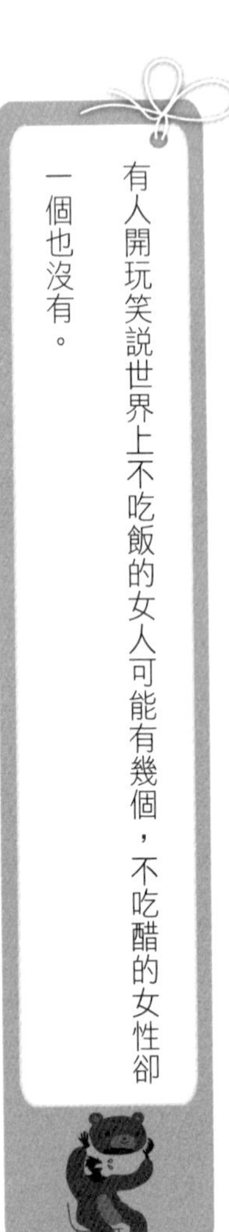

有人開玩笑說世界上不吃飯的女人可能有幾個，不吃醋的女性卻一個也沒有。

男性經常失戀：自私

生活中，必定曾經聽到失戀的男性這樣抱怨：「我哪一點比不上那個人？論年齡、相貌、能力、言談、地位，樣樣不輸人，可是她居然把我拋棄了，到底爲什麼？」

很多研究資料顯示，男性之所以失戀，一般都是因爲經驗不足。太看重自己，處處只顧著自我表現，把對方擱在一邊，導致了感情的破裂。

在女性的眼中，這樣的男性會被看成是狂妄、自私、狹隘的，因此多不受歡迎。除了一心追求金錢和地位的少數人，絕大多數女性都不會愛上讓她們反感的男人。

男性在愛情上不斷受挫，會使負面情緒像傳染病一樣蔓延，在事業上形成一種惰性，使他們慢慢地失去上進心。

因此，專家指出，對於經常失戀的男性，不能一味地只給予同情，更應該幫助他們重新找回自我，增加自信。

「天涯何處無芳草」、「人生處處有春天」，此類格言對他們來說，比較有積極意義。

男性好色：沒有真情

實事求是地說，容貌是女性天賦的本錢，但是女性的動人之處，並不是只有美麗而已。

有些男人，對於女性的美貌總是表現得垂涎欲滴，爲了女人可能給予他們的感官快感，不惜一擲千金。

看重女人姿色的男人，眼光必定相當敏銳，可惜沒有眞情。一旦有漂亮的女人出現，他們的眼裡就會放出異彩來，即使當下正遇到不高興的事情，心情也會很快地改變。

理所當然，這樣的男性很少會流淚，通常不會動眞感情，根本不需要抒情，只動「性」情。

欣賞女性的美麗不是錯誤，懂得欣賞女性美麗的男人可稱得上很有品味，但若不付出眞心，終其一生也得不到女人的愛。

這樣的男人大都只注意享受，不大會創造，常常是些紈褲子弟，很難有太大的發展，不是能夠託付終身的理想對象。

女性吃醋：無事生非

男性常有好色的毛病，至於女性，則普遍有「愛吃醋」的傾向。

曾有人開玩笑說世界上不吃飯的女人可能有幾個，不吃醋的女性卻一個也沒有。這話可能過於絕對，但揭露了某種程度的眞實，這點無庸置疑。

一般來說，女性對於愛情比較專一，爲了維持感情，相當容易嫉妒和吃醋。這兩個詞，幾乎成了女性的代名詞。

見到男友或丈夫對別的女人產生好感，吃點醋情有可原，但常常與別的女人比吃比穿、比名譽比地位，這就不太好了。

任何人都不可能十全十美，但是有很多女人不明白這一點，常常拿自己的不足之處與其他女人的長處比較，因此心中時時刻刻都不愉快。不愉快就會產生嫉妒、吃醋等情緒，很多女人卻不肯承認。

偷偷地跟蹤丈夫，嫉妒別人的長處，最終都是在跟自己過不去。

女人之所以吃醋是爲了愛，適度吃醋也確實能幫助自己得到男人的愛，但過了分就不好了。切記，吃醋無助於保護眞愛。

看出冷漠表情後的真感情

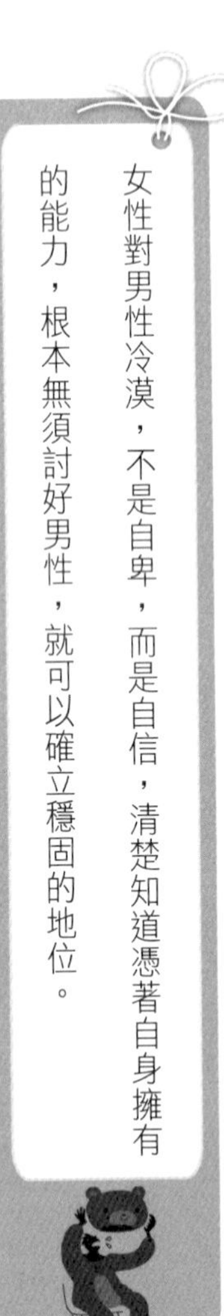

男性對女性冷漠：偽裝

無論對男性或女性，愛都是一種神奇的力量，同時也是一種巨大的心理負擔，可以讓人幸福，也可能帶來痛苦。

對女性冷漠的男性不是不會愛，而是在壓抑自己，因爲他們的內心可能正遭受傷害，或者曾經受過傷害。

男性的冷漠往往是刻意裝出來的，其實他們更渴望溫柔和浪漫，只是不知該如何表達。

按照傳統觀念，或從表面上看，男性多半較堅強，其實不然，他們的感情是相當脆弱的。

常言道，哪個少男不多情，哪個少女不懷春。只不過，少男多不願意讓少女知道他們內心的弱點，因此控制感情，故意表現出冷漠的樣子，以便與女性保持一定的距離。

男性的冷漠往往是故意的，這一點相當重要。

如下的情景經常發生，舞會上，他們故意不邀請女性；在生日宴會上，他們自個兒坐在角落抽煙；在聚餐場合，他們只默默地低頭吃東西。

之所以如此冷漠，事實上極有可能是希望引起別人的注意。

對女性冷漠的男性，不懂得愛情語言，但卻具有比一般男性更大的魅力。對他們進行一些暗示，往往就可以改變他們對女性的態度。

應該理解一點：感情是需要承認和表達的，如果一個人對感情既不承認，也不表達，絕對不會爲別人所理解。

與其在過了多年之後再有「恨不相逢未嫁時」的感嘆，倒不如好好把握珍貴的感情。

有趣的是，這樣的男性一般都比較沉著，很有事業心。習慣把事情埋在心裡，漸漸累積，一旦時機成熟，就會有石破天驚、一鳴驚人的表現，展現出千里馬般的實力。

女性對男性冷漠：孤獨

同理，有的女性對男性比較冷漠，給人「面如桃李，冷若冰霜」的感覺。這樣的女性，一般來說，即使不是「窈窕淑女」，也是「滿腹經綸」。

由於知道自己的財富得來不易，不能讓它匆匆失去，在紛繁的紅塵中，她們用審視的眼光俯視一個個男性，躲避誘惑，收斂起笑容。

女性對男性冷漠，不是自卑，而是自信，清楚知道憑著自身擁有的能力，根本無須討好男性，就可以確立穩固的地位。

這樣的女性認爲，什麼東西都應該順其自然，無須強求。即便受控也不會心灰意冷，而是把自己寶貴的東西珍藏起來，保存一段很長的時間。

當然，她們也會有心神不寧的時候，盼望著有一天碰上心目中的白馬王子，得以獻出珍藏已久的「美麗」。

對男性冷漠的女性，內心多半很孤獨。

從某種意義上說，她們的冷漠比笑臉更具吸引力。

這類女性最理性之處，在能夠於人際交往中妥善處理各種關係，知道何種應該拒絕，何種應該接受。

主動獻媚提高成功的機會

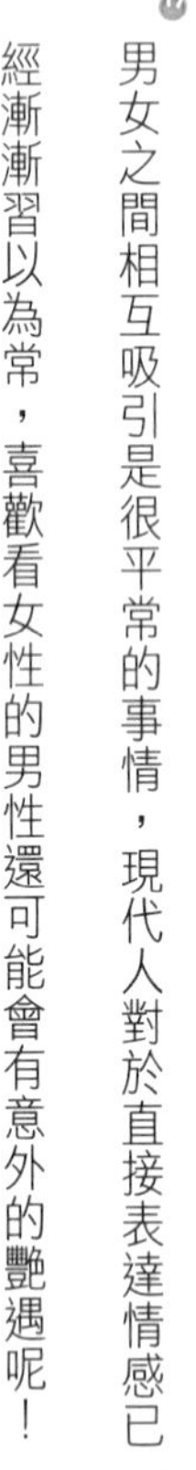

男性喜歡看女人：苦悶

有些男人眼睛總是閒不住，經常四處捕捉女人的身影，無論自己認識或不認識。在大街上、在公園裡、在公共場所，都可見這樣的男人。

敢將目光直勾勾地盯著女人看的男人並不多，除了那些放蕩成性者，一般男人普遍沒有這樣的膽量。

大多數男人看女人，是「偷看」。趁對方不注意的時候偷偷看上一眼，過一點癮，傳達羞澀的資訊，這樣的行爲，要旁觀者仔細觀察才會發現。

兩種不同的情況，代表著兩種不同的個性。

喜歡盯著女人瞧的男人，有著比較複雜的心理：有的比較自卑，有的希望引起異性的注意，有的則被「性」的問題深深困擾。

他們很喜歡看女性漂亮的臉蛋、苗條的身材、隆起的胸部或纖纖玉手，以滿足自己的興趣和需求。

這樣的男人還可以分爲兩種，一種是把自身看得太高，認爲自己具有足夠的魅力吸引女性。因此，不管看著什麼樣的女性，他們都不認爲自己是高攀，而是瞧得起對方。

另一種則是自卑，認爲自己沒有足夠的條件去征服女性，沒有機會與女性接觸，只好靠這種方式排解內心的苦悶。

第一種人常常自以爲是，認爲自己很了不起，但事實上可能相當平凡；第二種常常瞧不起自己，認爲事事都不如人，沒有一點自信。

嚴格來說，這兩種人都不足以成就大事。

男性喜歡看女人，是一種苦悶的表現，這種男性想像有餘但行動不足，欠缺勇敢面對現實的能力。

男女之間相互吸引是很平常的事情，現代人對於直接表達情感已經漸漸習以爲常，喜歡看女性的男性還可能會有意外的艷遇呢！

男性向女性獻媚：虛偽

除了喜歡看女人，另有些男性很喜歡向女性獻殷勤，一看到女人走來，就想拜倒在她的石榴裙下。只要女人做出媚態，他們就會產生一種全身酥麻的快感。只要能和女性處，這種人無論做什麼都充滿了活力。

如果只說這樣的男人比較賤，沒有骨氣，是不恰當的。對女性大獻殷勤的男性對男女之道往往很有研究，在他們的認知裡，自己是一隻可愛的哈巴狗，女性則是一位高貴的公主。想要討公主的喜歡，當然只有緊緊地跟在她的屁股後頭，才有可能成功。

依照一般人的觀點，女性的虛榮心是很強烈的。很多現實狀況顯示，對女人獻殷勤通常不大會出錯，在生日的時候送上一束鮮花，逛街的時候主動幫忙提包包，都會在她們的心目中留下好印象。

這些印象會慢慢地累積，達到加分效果。

善於向女性獻殷勤的男性，在人際交往方面多比較突出。

會向女性獻殷勤的男性，也會向上司獻殷勤，因此升遷速度較快，雖然免不了被人罵是馬屁精，卻能平步青雲，畢竟無論什麼級別的上司，都要有幾個俯首貼耳的「下人」。

這樣的男性臉皮一般都比較厚，他們的「成功」正根基於這一點。

從移情模式看清個性

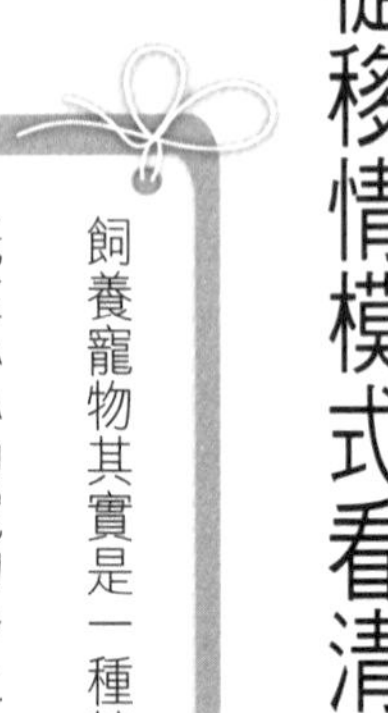

飼養寵物其實是一種精神寄託，她們是將無處排解的母愛之情寄託在小小的寵物身上。

愛花的女性：純潔

愛美之心人皆有之，對女性來說，愛美近乎於天性。

愛美的女性普遍也愛花，不同的花有各種不同的涵義。愛花的女性如果在男性的面前提起花，很可能是希望他們能有所表示。

一般來說，玫瑰表示愛情。當一個女人在男人面前談起紅玫瑰，她多半是愛上了這位男士。

愛花的女性思想較純潔，她們不僅會發出「無可奈何花落去」的傷感，也會許下「報與桃花一處開」的心願。

看在愛花女性的眼裡，人生是美好的。

當然，花開花落，任何人都無法抗拒，所以才有林黛玉葬花這樣感傷的故事。不過，不用害怕，因爲很多男士都心甘情願當她們的護花使者。

追星的女性：偏執

很多人都有自己崇拜的偶像，按理來說，這是正常的現象，但是有些人崇拜過了頭，幾乎成爲一種病態，就應該特別注意。

有此類狀況的女性不少，特別是較年輕的少女。

她們對自己心中的「星」非常崇拜，對「星」們的各種情況、動向都瞭若指掌，有些人甚至把崇拜的對象當成人生支柱看待。

這種行爲自然是不成熟的表現，到了一定的年齡，當她們再回首往事，必定會感到當年的可笑。曾經在那個年代，她們的心目中只容得下一顆、兩顆星星，到了成熟之後，才會發覺原來整個天空群星燦爛。

愛收藏的女性：多情

生命是一段持續不停歇的過程，隨著時間的流逝，人的年齡慢慢地成長，從而造成外表的諸多變化。

在時間面前，任何人都只能嘆息，女性更是如此。

一個三十幾歲的女人，如果聽到別人說她只有二十幾歲，必定會很高興。女性最喜歡別人說她年紀小，因此，有人比喻說，女性最喜歡收藏青春。

一張發黃的郵票，可能記錄著一段纏綿的故事，筆記本裡一張乾枯的紅葉，收藏的卻是一個艷麗的秋日。

明信片、聖誕卡、一則日記、一句贈言、一張照片、一封信，在別人眼中看來，可能只是很平凡的東西，但卻珍藏著擁有者的酸甜苦辣，這些都是她們的生命風采，獨一無二的珍藏。

很多女性喜歡照相，喜愛收藏舊物的女性尤甚。表面看來可能只是一時高興，但在她們的潛意識中，這是讓時間駐足的好方法。

這類女性一般都很容易觸景生情，可能曾經與初戀男友撐著一把傘從某一條小巷走過，可能曾經在郊外採過野花，其時其景早已消失，可每當類似的畫面出現，她們仍會浮想聯翩，睹物思情，重新回到那段幸福的時光。在她們的心目中，美好的過去是不會完全消失的。

美好時光之所以寶貴，就是因爲它們值得一再回味。喜歡收藏的女性很多情，一個個收藏象徵著一段段動人的故事，而這些故事會一次一次地帶給她們歡樂和動力。

這樣的女性比較感性，正是造成多情的主要原因。

喜愛飼養寵物的女性：空虛

越來越多現代人喜歡飼養寵物，當中又以女性佔大多數。

女性飼養寵物，大都不會將牠們關在籠子裡，因爲她們不喜歡剝奪可愛小動物們的自由，這與自身對自由的渴望是一致的。

飼養寵物正是女性尋找快樂的一種方式。

男性尋找快樂的方式一般比女性多，例如透過追求異性獲得快樂，女性卻很少這麼做。較重視家庭生活的女性，如果沒有小孩可照顧，自然會想要去養寵物。飼養寵物其實是一種精神寄託，她們是將無處排解的母愛之情寄託在小小的寵物身上。

生活中，這種移情的方式很多，諸如靠大自然移情、靠音樂移情、靠讀書移情等等。不同的移情方式表現出當事者不同的個性，靠養寵物移情是當今最流行的方式，但也最令人感傷。

她們為了不侷限在只有自己的狹小天地裡，於是借助這種方式與外界接觸。飼養寵物的女性並不像人們所想像的那麼單純和快樂，她們的內心深處常常很不平靜，甚至相當空虛。

從開會風格知人性格

狡猾的人會將會議內容以及每個人的話一點不差地呈現給高層，卻不會表明半點自己的看法與觀點。

無論是在企業、公司、學校或政府機關，開會就像吃飯和喝水一樣司空見慣。踏入社會的人，無論背景如何雄厚、資歷如何高不可攀、身居何等要職，都難以避免出席或主持會議。

會議中，有的人可以在規定的時間內完成程序，而且使與會者滿意而歸；也有的人長篇累牘、喋喋不休，讓所有與會者疲憊不堪，能否達到預期效果和目的則相當令人懷疑。

主持會議的成效雖然與主持者自身的修養和知識程度有關，但性格所產生的作用也不能漠然視之。

• 簡潔明快、豁達幹練的人

這種人快言快語、辦事雷厲風行，對工作與生活都充滿信心，做事前必定精心準備。他們主持會議，亦清晰明瞭，內容安排得當，講話時條理清晰，言之有物，令與會者欽佩，可以勝任重要的領導工作。

• 說什麼就是什麼的人

此類人有一定的身份、地位和手段，對自己目前所擁有的一切滿懷信心，而且堅信將會擁有更多更美好的東西。

他們通常是靠真才實學爬到現今位置上，頑強的意志力是他們取得成功的保證。做事總是胸有成竹，遇驚不亂，很有大將風度。缺點是總固執己見，不容他人質疑，在民主的大旗下仍專斷獨行。

・把會場當課堂的人

這類人的名片上通常印有「專家」兩個字，他們學有專長，常是公司某一項業務的權威。開會的時候，他們會以老師的姿態站在與會者面前，不厭其煩地講解「學生們」不明白或懂得不徹底的理論和觀念，但常常忘記了時間。至於被當作學生的與會者，多半哈欠連天、瞌睡連連。

・欺下媚上的人

由於近水樓台的緣故，他們與高層、特別是總裁級人物接觸密切，並為此自豪不已。

他們會毫不客氣地用大部分會議時間來噴灑自己的唾沫，滿嘴胡說八道，但又不允許其他人質疑，甚至可能動不動就打斷他人的發言，進行一番無意義的補充說明。

此外，他們反應敏捷，善於阿諛奉承，欺下媚上。

• 做「傳聲筒」的人

「傳聲筒」是對這類人在主持會議時圓滑表現的最好比擬。

他們會將會議內容以及每個人的話一點不差地呈現給高層，也會將高層的意見原封不動地放到會議桌案上，卻狡猾地不表明半點自己的看法與觀點，常常讓與會者「靜候佳音」，或表示「會盡力向上司反應」，勸大家「不要急躁，耐心等待」。

• 優柔寡斷的人

這類人可能大有發展前途，爲人彬彬有禮又謙卑含蓄，一點也不咄咄逼人，允許其他的與會者暢所欲言，提出自己的觀點。但往往由於在拍板時猶豫不決而難以和與會者達成共識，結果降低了自己的威信，讓下屬心存不服。

• 愛耍威風的人

這種人多半居於不高不低的位置，所以非常想往上攀爬，野心勃勃。他們喜歡擺架子，顯威風，總是讓很多不相關的人參加會議，如若人手不夠，還會派部屬到場吶喊助陣，並打著「群眾意願」的幌子中飽私囊。

看到這裡，相信你已經明白有哪些是必須加以留心、對付的小人了。透過開會表現，可以讓一個人無所遁形，是「抓出小人」的好機會。

由辦公桌狀態分析工作心態

辦公桌整潔的人，多半有很高的工作效率，他們嚴於律己，特別珍惜時間，會安排相應的工作。

辦公室是職員工作的場所，內部都是與工作密切相關的陳設。由於每件陳設都融入了個人的喜好，所以辦公室裡每一個員工的辦公桌擺設，都可以展現出這個人的性格特徵。

英國心理學醫生斯蒂恩教授，在很多年前就開始研究辦公環境與職員之間的關係。經過長期的實驗和求證，他證實了內部陳設（如辦公桌）與職員性格之間確實有聯繫。

辦公桌整潔的人，多半有很高的工作效率，是個很出色的員工。他們嚴於律己，爲著崇高的目標堅持不懈，特別珍惜時間，必定會安排相應的工作，辦事和工作都有條不紊，但是適應能力較差，對於突如其來的變故常常應接不暇、手忙腳亂，有時候會自亂陣腳，發生錯誤。

辦公桌裡空空如也的人，通常是個急性子，爲了工作方便，也免除工作中得從衆多文件中找資料的麻煩，只會把所需要的資料放在伸手可及的地方。他們通常很有事業心，一般都可以成爲老闆。

辦公桌凌亂不堪的人，必定堆滿文件與檔案，而且恐怕根本就不知道哪些是作廢的，哪些是緊急的。他們的個性溫和善良，但做事往往沒有計劃、倉促應戰，結果不佳。他們沒有長遠的眼光，但有較一般人強的應變能力。

在辦公桌裡放鈔票的人，通常是對任何事情都會產生懷疑的人。他們不完全相信銀行，所以不把所有鈔票都存入銀行；對家庭也不放心，時刻擔心被盜，但仍會留一些錢用於日常生活需要；對工作地點也不放心，所以辦公桌中只放一點錢。爲了到哪裡都有錢用，他們會在很多地方各存放一些鈔票。

有些人會在辦公桌上存放紀念物，而且琳琅滿目、種類繁多，有兒時的玩具、情人的相片、老掉牙的首飾，甚至還有學生時代的舞會邀請函。他們不善於與外人打交道，也不願意和外人有過多的接觸，經常獨來獨往，但與老朋友聯繫得相當密切。

他們總靠著美好的回憶調劑生活和排遣孤獨，常在夜深人靜的時候獨享愉悅，因爲情感豐富也較脆弱，很容易受到傷害。

不妨看看自己的辦公桌，再看看他人的辦公桌，是否從中接收到有用的訊了呢？知己知彼，才能百戰百勝。

透過處理檔案，看行事是否果敢

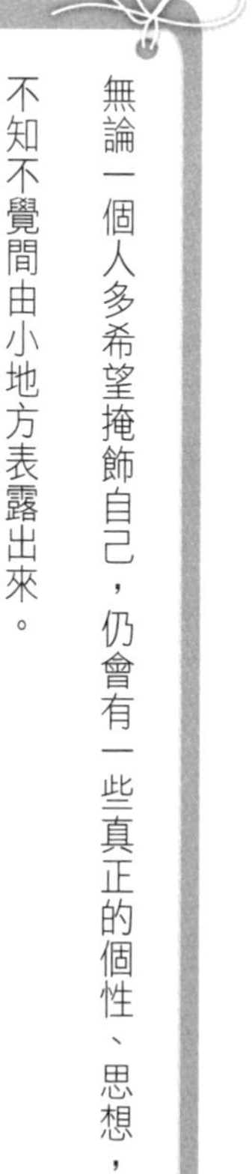

無論一個人多希望掩飾自己，仍會有一些真正的個性、思想，在不知不覺間由小地方表露出來。

現代人一直致力於研究什麼樣的工作環境可以創造出最高的效率，在研究過程當中，一位效率研究專家發現，員工辦公桌上的檔案，通常可以展現出他們的某些性格特徵。

以下，是幾種普遍類型：

• 認真整理文件的人

這樣的人不管是桌面上還是抽屜裡，所有的檔案、文件都收拾得整整齊齊，而且分門別類。他們辦事之時條理清晰，有很強的組織和操作能力，所以通常工作效率都很高。

這種人生來責任心強，凡事小心謹慎，認眞負責，而且精益求精。缺點是沒有開拓進取的魄力，創新能力也較差。

- 散放文件的人

文件檔不分主次，這裡一堆，那裡一堆，像是要搬家似的。他們辦事較盲目，做工作難以善始善終，而且自我控制能力差，無法調整自己的情緒和習性，以適應新的外部環境。

- 檔案資料堆放得亂七八糟，每找一份文件都要翻天覆地

工作能力較差，常常事倍功半，辦事缺乏條理性，無法循序漸進，也少有責任心，缺乏持之以恆的毅力。

這類員工應該重新接受培訓，或改做其他與個人能力相近的工作。

・亂塞文件的人

不要被乾淨的桌面迷惑，也不要親自查看桌面上是否有灰塵，只要拉開他們的辦公桌抽屜，一切就都可以明瞭了。

他們的辦公桌抽屜裡亂七八糟，簡直什麼東西都有，根本讓人分不清究竟是雜貨鋪還是辦公桌。

這種人多半華而不實，雖然機智靈活但喜歡耍些小聰明，常過度注重外表，善於鑽營，不太值得信任。

無論一個人多希望掩飾自己，仍會有一些真正的個性、思想，在不知不覺間由小地方表露出來。

辦公桌的抽屜，就是個好例子。

從顏色看穿真實性格

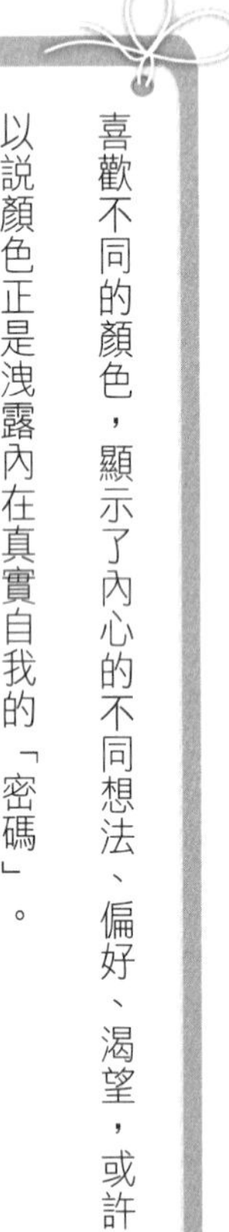

每個人都有自己特別喜歡的色彩，並將這種喜好應用到生活和工作的各個方面和不同領域。無論是衣服的選擇，還是傢俱的裝飾，到處都展現著性格折射出的色彩偏好。

愛好紅色，是精力旺盛的體現。這種人喜歡展現自我，有著讓全世界認可自己的願望。容易衝動，做事有時不顧後果，免不了爲挫折後悔不已，甚至一蹶不振。感情豐富，熱情奔放，好奇心強，這也是他們經常遇到困難的重要原因，別人常常受不了這種初生之犢不畏虎的衝勁。

喜歡棕色的人，往往令配偶既愛又恨。他們忠誠老實，值得信任，而且不會忘恩負義，有自己的安排和計劃，善於管理錢財。但是分配家庭收入的時候，常會與配偶產生矛盾，儘管初衷並不是要讓家人受苦。

喜歡白色的人性格比較單純，追求卓而不群，積極進取。他們做事涇渭分明，講究實際，不容易與陌生人和平共處。

喜歡黃色的人善於隱瞞自我，總是擺出一成不變的面孔，讓人們琢磨不透。他們喜歡不受拘束的生活，常按照自己的想法安排日程。這類人凡事都要求盡善盡美，經常弄得自己精疲力竭卻仍不滿足，而且脾氣倔強，得理不饒人，不易得到別人的喜歡。

喜歡黑色的人傾向壓抑、消極，但也流露出典雅與威儀。他們缺乏激情、活力，遇事還沒前進便想打退堂鼓，而且總認爲好運氣與自己無緣，對周圍的人和工作提不起興趣。他們不喜歡張揚和引人注目，對待他人十分謹慎小心，會極力避免意外的麻煩。

紅褐色代表安逸祥和，因而喜歡這種顏色的人多容易安於現狀，與世無爭，也沒有排斥他人的傾向，所以容易與人親近。他們對身邊的人通常言聽計從，不會有太大反抗。

喜愛紫色的人自信又清高，但很少出現情緒化的衝動表現。他們的情感淳樸濃烈，但通常秘而不宣，遇上特別難過的事情會一直積壓在心頭，由自己承受，不向外人透露。

喜愛橙色的人積極進取、勇於開拓，堅信多個朋友多條路，所以會用各種方法結交朋友。但他們喜新厭舊，往往由於把衆多的精力用於結交新朋友上面，結果卻忽略了老朋友，所以眞心實意的知交往往不多。

喜歡粉紅色的人大多舉止優雅，講究禮節，在交際場合中能妥善地掌握行事尺度。他們追求理想、講究外表，具有很高的審美能力。

喜歡綠色的人溫柔多情，善解人意，能夠了解異性的心事和秘密。多半活力四射，能夠迅速從挫折當中振作起來，艱難險阻往往奈何不了他們。喜歡熱鬧但不願意參與，很容易和孩子打成一片。

喜歡以紅褐色搭配灰色的人有很好的人緣，走到哪裡都可以交到好友。他們知道遷就別人，給對方台階下，善於察言觀色。產生衝突時，不會針鋒相對，會待對方心平氣和、恢復理智之後，再找適當的時機表達自己的想法。

喜歡以紫色搭配黑色的人，認爲什麼事都索然無味，漠然置之，不懂得從團體生活中獲得幫助和充實，所以經常是一個人獨來獨往，整天無精打采、鬱鬱寡歡，彷彿到了世界末日似的。

喜歡不同的顏色，顯示了內心的不同想法、偏好、渴望，或許可以說顏色正是洩露內在眞實自我的「密碼」。

解讀飲食習慣的秘密

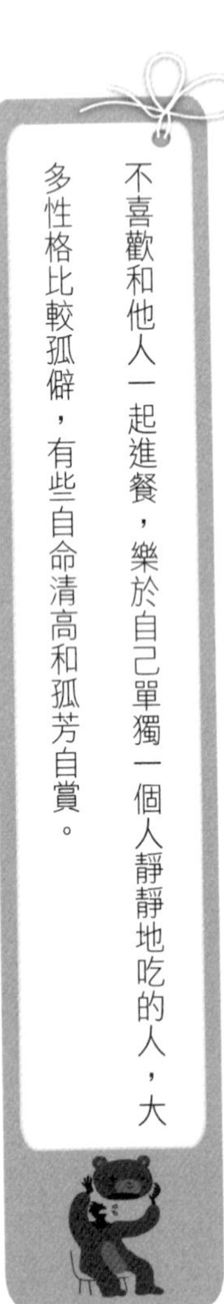
不喜歡和他人一起進餐，樂於自己單獨一個人靜靜地吃的人，大多性格比較孤僻，有些自命清高和孤芳自賞。

只要生活在這個世界上，就一天也離不開食物，食物對於維繫生命的重要性無庸置疑。從一個人喜歡吃什麼東西，就可以觀察出他的性格特徵，同樣，透過一個人以什麼樣的方式吃東西，也可以觀察出他的性格特徵。

- 從飲食習慣看人的性格

將食物分割成若干小塊，然後一點一點慢慢吃，這樣的人多半比較傳統和保守，爲人處世小心謹愼，不會輕易得罪人，在很多時候都寧願充當好好先生，保持中立。這一類型的人由於缺少冒險精神，所以在事業上取得的成就不是很大。生來比較機智和圓滑，有自己的主張，不會輕易接受他人的建議，但又不會太過強烈地表達自我主張。

若是吃東西時很講究順序與規律，等到菜一道一道都送上桌以後，才坐下來慢慢吃，思考多半相當縝密，總是花很多時間考慮一件事情，直到把前前後後、左左右右凡是可能出現的狀況都想清楚，並找出了適當的應對方法以後，才會動手去做。

至於老是挑食的人，身體可能不會很強壯，但頭腦和智慧仍舊不錯。他們習慣凡事先做好準備，害怕有意外的事情突然發生，因爲如果這樣，他們會感到措手不及，不知該如何是好。

飯量很小、吃一點就放下碗筷不吃了的人，多半比較傳統保守。他們的一舉一動都非常小心謹愼，總是不斷努力處好自己與他人之間的關係。他們爲避免風險，做事喜歡墨守成規，按照舊的方法完成。這一類型的人行事穩妥有餘，但衝勁不足，所以不適合創業，只適合守成。

吃飯狼吞虎嚥、兩三下就吃完的人，大多有較旺盛的精力，性情坦率豪爽，待人眞誠、熱情，做事乾脆、果斷，自我意識比較強，有些時候甚至會自以爲是，聽不進他人的規勸。他們有很強的競爭心理和進取精神，絕不會輕而易舉地就向別人妥協或認輸。

吃東西的速度極慢，總是細嚼慢嚥的人，在爲人處世方面多半相當重視過程，因爲過程和結果這兩者之間，常常是過程能爲他們帶來更大的快樂和滿足。他們做事周密嚴謹，通常不會打沒把握的仗。生性比較挑剔，對人對己要求都比較嚴格，有時甚至達到苛刻、殘酷的程度。

吃東西不知道節制，看到喜歡的就一定要吃個夠的人，性格大多比較豪爽耿直，多有很好的人際關係，具有一定的組織能力，能使自己的周圍經常聚集著許多人。他們不懂得也不會掩飾自己的情緒，喜怒哀樂往往全部寫在臉上，讓人一目了然。

不喜歡和他人一起進餐，樂於自己單獨一個人靜靜地吃的人，大多性格孤僻，有些自命清高和孤芳自賞。心智比較堅強，做事也很穩重，具有一定的責任心。一般來說，他們的辦事能力能讓自己的上司、親人、朋友感到滿意。

對食物不挑剔的人，大多親切隨和，在各個方面都不拘小節，更不會爲一點雞毛蒜皮的小事計較。他們的頭腦相當聰明，很有才華，而且精力旺盛，能夠同時應付好幾件事情並做到遊刃有餘。

• 飲食口味與性格

美國行爲心理學家最近透過大量的研究，證明了人的性格與飲食口味有著密切的聯繫。

喜歡吃米飯的人經常自我陶醉，孤芳自賞。他們對人對事處理得體，爲人處事比較圓滑，但互助精神差。

喜歡吃麵食的人能說善道，但常不考慮後果及影響。他們的意志不堅定，遇挫折容易喪失信心。

喜歡吃甜食的人大都熱情開朗、平易近人，但平時有些軟弱膽小，略嫌缺乏冒險精神。

喜歡吃酸味食品的人具強烈事業心，但性格孤僻，不善交際，遇事喜歡鑽牛角尖，不太有知心朋友。

喜歡吃辣味食品的人善於思考，遇事有主見，吃軟不吃硬，有時愛挑剔別人身上的小毛病。

喜歡吃鹹味食品的人待人接物多半穩重、有禮貌，做事有計劃，但比較容易輕忽人與人之間的感情，有點虛偽。

喜歡吃油炸食品的人勇於冒險，有開創一番事業的願望，但受到挫折時，很容易灰心喪氣。

喜歡吃清淡食品的人多半注重人際關係，希望廣交朋友，不願單打獨鬥。

• 從吃雞蛋的方式看性格

雞蛋含有的營養成分相當豐富，這是很多人喜歡它的原因之一。除了能夠補充人體所需的各種養分外，其實還可以藉由觀察一個人如何吃雞蛋，從中分析他的性格與爲人處事態度。

喜歡吃炒蛋的人多善於交際，能與其他人和睦相處。他們不拘於小節，對人對事能持比較寬容的態度。不喜歡張揚，也不太希望引起他人太多的注意，但對他人的態度相當敏感，別人對自己好一分，會回報十分，可是如果別人對自己惡一分，可能也會回敬別人十分。

把蛋煮得過熟，喜歡吃很硬的雞蛋的人，一般多把自己隱藏保護得很好，使他人不容易走近、了解。要想認識這一類型的人，需要花費較多的時間和精力。這一類型的人在外表上給人的感覺很冷酷，了解他們以後更會發現，內心也同樣堅硬，不會隨便就被什麼東西感動。這類人見過的世面很廣，但或許正是見得太多，遭遇得太多，所以才導致心中缺乏溫情吧！

喜歡吃煮得半生不熟的蛋的人，雖然在外表上看起來很固執，事實上內心脆弱，易向別人妥協。他們的性情熱情又溫柔，即便只是一點小小事情，可能也會感動不已。

喜歡法式煎蛋捲的人，多是開朗又神秘的人物，外表也許有些嚴肅和呆板，但內心卻與外表存在著很大的差距。他們總是能夠隱藏一些秘密，從而吸引別人來探個究竟。

喜歡吃單面煎雞蛋的人，性格多半相當樂觀，充滿了積極向上的精神，對未來有著無限嚮往，並且抱很大的信心，相信自己能夠開創出一番事業，同時努力並腳踏實地做好每件事情。

喜歡吃兩面煎蛋的人，也是一個積極樂觀的人，但是他們在為人處世方面相對地謹慎小心許多，不會不加分析和思考就莽莽撞撞地行動。正是由於這一點，他們避免了許多麻煩，多能夠有計劃地安排自己的生活。

喜歡吃荷包蛋的人多謙恭有禮，行事不招搖，行為舉止也很恰當得體，卻經常被麻煩纏身。

透過小小一顆蛋，就可以印證人的多種性格，實在是相當有趣的事情。

注意對方的日常習慣動作

談話時喜歡和他人目光接觸的人，
無疑是主動向對方展示自己的內心。

從飲酒愛好看個性

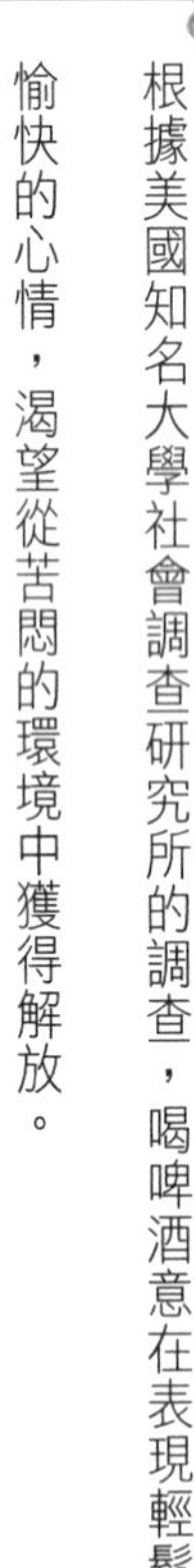

根據美國知名大學社會調查研究所的調查，喝啤酒意在表現輕鬆愉快的心情，渴望從苦悶的環境中獲得解放。

飲酒是人們在社交場合中最常見的應酬方式，也可說是人們溝通意見、聯絡感情以及解決問題的好方式。

藉由飲酒可以了解對方的性格，或作爲掌握及理解對方心態的參考。

根據美國心理學家的研究，喜好狂飲者通常具有渴望改變自我的願望。這些人之所以豪飲，是期望使自己的性格改變爲理想中的模式。換言之，他們會不停地喝酒，直到覺得變成滿意的性格爲止。因此，並非因好酒而飲酒，乃是渴望改變自我的心理因素在作祟。

狂飲者如果發現能夠使心理缺憾獲得最大滿足的酒，則會特別偏愛。他們其實不在意各種酒在口感上的差別，喜好多半是受心理的影響。

雖然酒的種類和性格的關係，尚無充分的調查或研究，但仍可以做出以下的大致分析：

・喜歡喝威士忌的人

這種人適應力強，能充分採納旁人的意見。出人頭地的願望非常強，只要有機會，即渴望賺大錢或得到上司的認可。對待女性非常重視禮儀，並且態度親切，多半會明確地表達自己的心意。

此外，威士忌的飲用法有以下的差別：

喜歡喝稀釋威士忌的人，大半是最普通的男性性格，渴望能充分把自己的觀念傳達給對方，適應力非常強。

喜歡加冰塊喝的人，無法確切地用詞語或表情傳達自己的心意。他們會仔細觀察周圍的情況，易被他人的意見左右，但是，在公司裡往往能平步青雲。平常會掩飾自己的感情。

喜歡喝純威士忌的人具男子氣概，冒險心強，討厭受形式束縛，對威權具有反抗性。他們富有創造力、獨創性又具正義感。外表上對女性表示冷淡的態度，內心卻相當溫柔。

・喜歡喝白酒的人

有些人偏愛烈性白酒，如果餐桌上沒有就覺得索然無味。喜愛白酒者一般喜歡社交活動，又樂善好施，性格中有好好先生的一面，極在意對方的感受，易受吹捧，受人所託無法拒絕，對女性尤其親切。

他們在公司或職場中由於相當關照部屬而深受愛戴，但卻很難獲得上司的認可。在混亂的局面中可發揮卓越的能力。為了得到認同，願為對他能力有極大期待的人奉獻心力。

・喜歡喝洋酒的人

最近年輕男子中，喜歡喝洋酒的人越來越多，商店到處都有洋酒陳列。用餐或約會中必喝洋酒的男性通常極具個性。

這類男性多數追求豪華的生活，崇尚新潮喜愛從事引人注目的工作，在服飾等方面也較挑剔。

・喜歡喝雞尾酒的人

喜好帶點甜味的雞尾酒者很少有豪飲型，與其說他們是在喝雞尾酒，不如說是在享受氣氛，或渴望與異性對談。

但是，如果喜好辣味而非調味的雞尾酒（如馬丁尼酒），則是具有男性氣概的表現，能在工作上充分發揮自己的個性與才能，值得信賴。同時富責任感，舉止行爲有分寸。

喜好喝甘甜雞尾酒者，多半是不太喜愛酒精的男性，或渴望邀約女性共享飲酒的氣氛，或期待借酒精緩和對方的情緒。

如果向女性勸喝酒精濃度高或較爲特殊的雞尾酒，乃是暗自期待利用酒精使女性無法做冷靜的判斷。在跳舞前勸女方喝雞尾酒的男性，通常可解釋爲希望和該名女性有更深一層的交往。

•喜歡喝啤酒的人

根據美國知名大學社會調查研究所的調查，喝啤酒意在表現輕鬆愉快的心情，渴望從苦悶的環境中獲得解放。

約會時喝啤酒的男性，通常想要表現最原始、最自然的自己。

如果向同行的女性勸喝啤酒，是渴望對方和自己有同樣的心情，或內心期待愉快的交談，無需矯揉做作。

選購外國啤酒的人性格上和喜好洋酒者類似。至於特別喜好德國啤酒的男性，只是想向女性標榜自己異於一般男性。喜好黑啤酒的男性，則通常對強壯的體魄嚮往不已。

日後若有飲酒的機會，不妨多觀察一下他人的選擇，相信會有收穫。

注意對方的日常習慣動作

在日常生活當中，若僅僅依靠一張嘴，很難完成交際溝通，眞實全面地傳達出自己的感情，甚至可能被小人欺騙。所以除了語言以外，還要採用一些輔助手段，例如肢體動作。

手舞足蹈說的是人高興的手足動作，抓耳搔腮說的是人著急時候的樣子，張牙舞爪說的是人發怒時的表現……等，不難看出身體動作可以作爲表達情感的輔助工具，而旁人也可從中窺見一個人的性格特徵。

要想深入了解周圍人的眞情實感，得知內在心思，甚至察覺不軌，可以細心留意他們的一舉一動。

習慣性點頭的人，比較關心和體貼別人，知道給予配合的重要性。他們會及時表達自己的認同，以使說話者增強自信，對談論話題深入思考，並得以充分發揮潛力，找出最好的解決問題方法，於人於己都有好處。

在生活和工作當中，他們願意向他人伸出援手，並能夠體諒對方的弱點，在力所能及的範圍內給予援助，具有熱心助人的性格特徵。

耐心的人，能夠聆聽對方的全部說話內容，並給予認眞的回應，讓說話者有被認可的感受，從而認可並欣賞他們，把他們當成可以深交的夥伴。這類人愛交朋友，這不僅表現在能夠給予朋友力所能及的幫助，而且還會在內心深處關懷體貼，處處爲對方著想，時時想著幫他們排憂解難。

他們不僅隨時準備幫助朋友，最爲難得的是經常在尚未得到別人請求協助前，便主動伸出援手。

東拉西扯，頻頻打斷別人話題的人，做事傾向於冒進，欠缺穩重，常給人毛躁的感覺。很少有人能和他們長時間地交流，更別提促膝而談，所以他們難有眞正的朋友和可以依靠的人。

分配工作給他們時，必須提防做事虎頭蛇尾，雷聲大、雨點小，所以千萬不要把全部希望都寄託到他們身上，否則定會吃大虧。

談話時心不在焉的人，屬於精神渙散者。不重視談話過程，更不在意談話內容，即便將他人的話語聽進耳中，多半也不能確實了解眞意。

這種結果的外在表現是辦事容易拖拉，一延再延，因爲根本就不知道對方要自己做什麼，而且得過且過。如果目標已經明確，條件也具備和成熟，往往卻又無法把精力集中，或是一心二用，或是心有旁騖，使接到手中的任務不了了之。這種人因爲毫無責任感，終身都難有所成就。

乘人不注意時窺視他人的人，屬於心術不正的類型。他們自身根本就沒有什麼特長或驚人之處，但卻總是想著能夠「不鳴則已，一鳴驚人」。因爲不知如何才能實現這個願望，而且現實當中又很少有人願意理會這些空想家，使自尊心受到很大的傷害。爲了實現自己的白日夢，並向世人證明自己的存在價值，他們學會了工於心計，善使機關。

談話時凝視對方，是意志力堅定的表現，往往不用過多言語和動作就已經顯得咄咄逼人，而且不管是男人還是女人，都表明自己現在是充滿力量的強者。如果眼光眞的可以殺人，他們的凝視肯定可以成爲致命武器，因爲與這種目光接觸，難免使人有受到攻擊的恐慌。

其實，大多數人之所以凝視他人，只是爲了想看穿對方的性格而已，並無實際的攻擊意圖。

談話時喜歡和他人做目光接觸的人，表明既希望能夠深入了解對方，也希望對方了解自己。與別人目光接觸，無疑主動展示自己的內心。他們充滿了自信直爽，從不懷疑自己的動作會給他人帶來不愉快。

這類人多半做事專心，會儘量滿足大家的要求，希望做出好的成績讓大衆認可自己，接納自己。他們懂得禮貌在交際中的作用，能夠把握談話分寸，非常適合從事需要面對面進行直接交流的工作。

談話時動作誇張的人，哪怕只在陳述雞毛蒜皮的小事，也會跳上跳下，擾得周圍的人不得安寧。

其實，他們的本性是好的，並非存心使要別人不舒服。之所以會有誇張的動作是因按捺不住熱情和好勝心，認爲光靠言語不足以表達心中熾熱的感情，所以必須加進一些誇張的動作，表達自己的眞實想法，並引起他人的注意。事實上，在他們的內心深處，通常存在著許多不安，無法確定自己的表達方式能否被別人認可和喜歡。

談話時坐立不安、手足無措的人，多半精力充沛，而且事業心很重。由於身邊的工作機會很多，爲了早日實現目標，不允許自己錯過任何機會，會積極投入在正進行的所有事情當中，忙完這個忙那個，結果疲於奔命，造成個人狀態極度緊張，無法專心致志於分內工作，得不償失。

這就是幾種常見的典型，加以了解，可以幫助你在短時間內看透身邊的每一個人，尤其是必須防範的小人。

由簽名判斷個性

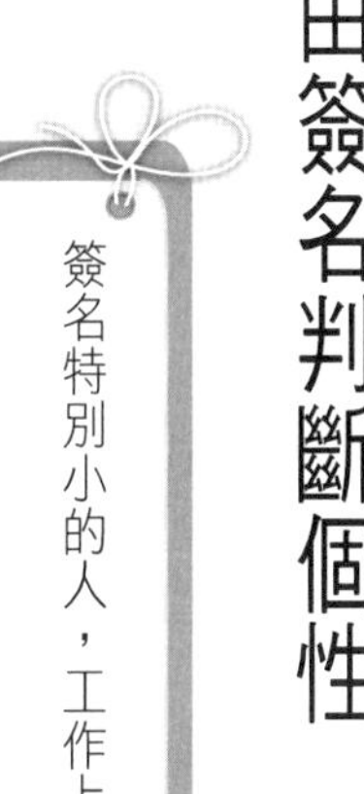

簽名特別小的人，工作上的表現雖然不是十分積極，但屬於自己的工作都能集中精力完成，對於功名利祿也不積極追求。

現在人們的交際圈越來越大，交際活動也越來越頻繁，亮出自己名字的機會日漸增多，於是簽名成爲人們一項重要的交際內容。

簽名有美有醜，有大氣也有小氣。各式各樣的簽名，不僅讓別人獲得簽名者的個人資訊，還能從中看出個人的性格。

簽名特別大的人，表現欲望強烈，性喜招搖。他們注重外表，總是將非常多的精力投注到衣著打扮上，期望給人留下良好的視覺感受，但沒有辦法讓人對他們念念不忘，因爲很難眞正打動他人的心。

他們在工作過程中總是將衆多任務攬到身上，能夠給人一定的信任感，但是工作成績會暴露出自身的眞實面目，就是能力有限，遇到困難便顯得軟弱無能，更有甚者無法善始善終，中途退卻。

簽名特別小的人，性格與簽名特別大的人截然相反，不喜歡在大庭廣衆之下拋頭露面、惹人注意。既不積極用特別的外表吸引他人的注意力，也不主動向他人打招呼或表示什麼。

他們對自己沒有足夠的信心，工作上的表現雖然不是十分積極，但本份內的事都能集中精力完成。對於功名利祿不積極追求，有則受之，無則泰然處之。

簽名向上的人野心勃勃，通常都有雄心壯志，不畏艱辛，總堅定執著地朝著自己的理想前進。

他們積極樂觀，會想盡辦法戰勝眼前的困難，喜歡榮譽和鮮花，更對世間的一切享受垂涎三尺，這是不懈努力的最終目的。他們可以成就大事業，但也可能將災難降臨到他人頭上。

簽名向下的人，通常是消極的等待者或妥協者，總是一副無精打采的樣子，猶如大病初愈，又好像經歷了什麼沉重的打擊。他們缺乏信心，不敢規劃未來、追求理想，見到別人取得榮譽時，雖然也會熱血沸騰，但熱情轉眼間就消失了，沒辦法成爲激勵向上的動力。

簽名向左的人，不喜歡按照常規辦事，喜歡標新立異並追求不同凡響。他們總用普通的動作表現不普通的想法，所以如果喜歡某個人，就會冷酷以待；如果討厭某個人，則會熱情周到。

他們喜歡表現自我，在陌生人面前直言不諱，幸好憑藉認眞誠懇而又不失幽默的表現，往往會博得大衆的喜歡。

簽名向右的人，多半積極樂觀、信心十足，總是一副充滿朝氣、和藹親切的樣子，在人際交往過程當中經常主動向他人攀談，通常別人也會笑臉相迎。但這並不是成爲社交高手的主要原因，他們眞正高明之處是「身在曹營心在漢」，和人交往的時候表面上熱心參與，實際上卻置身事外，對全局進行縝密的觀察，將所有變化掌握在手中。

學會區分對方的筆跡

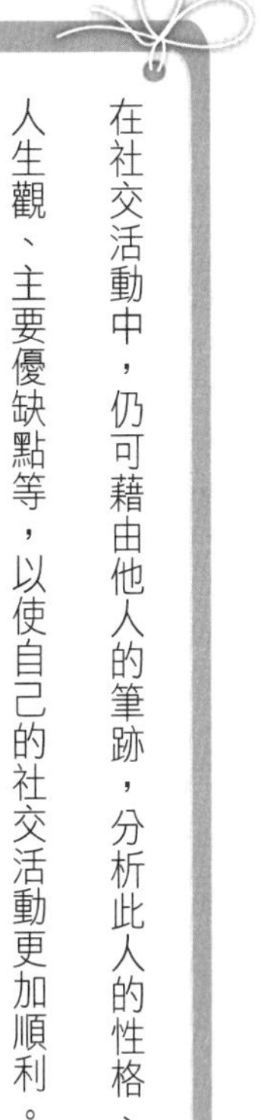

在社交活動中，仍可藉由他人的筆跡，分析此人的性格、品德、人生觀、主要優缺點等，以使自己的社交活動更加順利。

你相信嗎？透過筆跡，可以看出個性。

文字是人們傳達思想感情、進行思維溝通的一種手段，筆跡則是人體資訊的一種載體，大腦中潛意識的自然流露。

自二十世紀七〇年代以後，筆跡分析技術廣泛在德、法、英、美、日、以色列、澳大利亞、前蘇聯等國家的人才招聘領域應用。例如，在以色列，由於立國之初國民就來自多個不同的民族，彼此沒有共通的語言，因而要判斷一個人，唯有靠分析筆跡。

即使是現在，無論是要招聘行政管理人員還是普通工人，應聘時仍需經過筆跡分析這一關。

在日本，一些公司在進行人才招聘時，會將職位候選人親手所寫的字送到字相公司，經字相公司列出鑑定意見後，才統一考核，決定是否錄用。在法國，六十％以上的企業在招聘員工時，都進行筆跡分析。在台灣，隨著科學技術的不斷發展和完善，筆跡分析也逐漸應用在人才招聘中。

美國微軟集團以開發電腦軟體聞名世界，但公司招收職員時，卻有一項硬性規定，即應聘者必須抄一份十萬字以上的產品品質推薦手冊，結果從這一關上敗下陣的優秀人才不計其數。並不是這些應試精英不會抄寫，而是這些電腦高手不知微軟的眞實意圖，十萬字抄下來，自己的性格早已被微軟公司的心理學家參透了大半。

作爲社會化的高級動物，人在認識世界、改造世界的過程中，不但能感知事物，而且能把感知的事物記下來，經過大腦複雜的思維活動，形成各不相同的世界觀和個性特徵。這些特徵又會在一定的條件下，透過一定的形式表現出來，文字正是其中一種形式。

其實，筆跡與遺傳有關。研究中發現，直系親屬之間，儘管字體的大小、力度、肥瘦等具體特徵不盡相同，但在神韻、架構、運筆等方面，卻有驚人的相似性，這說明筆跡就像人的品性、健康一樣有遺傳性。

筆跡還與人的生活經歷、生活背景、教育程度、與人交往的密切程度、所從事的社會活動等有密切關係。一個從小就擁有充裕生活條件者的字，與從小在艱苦環境下長大者的字，在字態、字勢、風格等很多方面必定存在著差異。

人的字會經常變化，不同時期的字，特徵不一樣。一般來講，學生時代的字體由於沒有徹底定型，筆劃稚嫩、拘謹；中年時期的字，筆劃熟練、流暢、個性突出；老年時候的字，筆劃較重、筆鋒老辣、略顯僵硬。

不同心境下所寫出的字，筆跡也不一致。但在長時期內，字體的主要特徵如運筆方式、習慣動作、開闔等是不變的。只是近期的字更能反應出最近的思想、感情、情緒變化、心理特點等。

在招聘新進員工時，企業會針對職位所要求的能力與性格特徵，藉由分析字跡，從眾多應聘者中找出適合的人才。例如，若某單位需招聘一位眼光遠大、有魄力、有開創能力的人做部門的負責人，筆跡分析將針對上述要求進行鑑定，並根據其他素質，做出候選人是否符合此職位的建議。

與其他測試手段相比，筆跡分析更能準確地測出應聘者的基本人格特質，以及隱藏性格。

至於對個人來說，雖然不如企業般對筆跡鑑定有強烈的需求，但在社交活動中，仍可藉由他人的筆跡，分析出對方的性格、品德、人生觀、主要優缺點等，以使自己的社交活動更加順利，免受小人的困擾。

寫字不規矩，難成大事

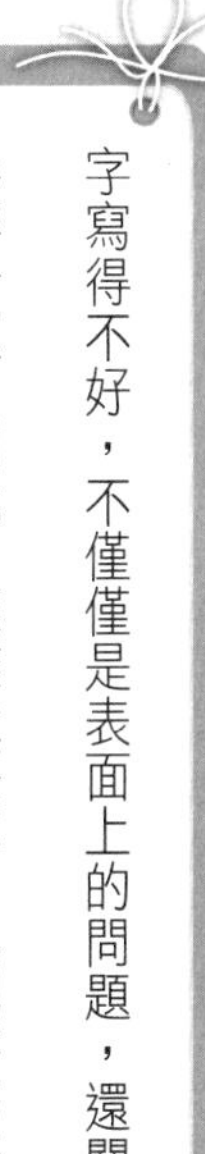
字寫得不好，不僅僅是表面上的問題，還關係到心態性格，甚至影響命運。因此，應儘量要求自己把字寫好。

俗話說，字如其人，這是有道理的。行爲心理學家們經過研究，對此進行了科學化分析整理，得到結論如下：

• 字體鬆散——隨意、反應慢

有的人寫字字體很分散，結構鬆垮，沒有什麼規律可循，且因爲太大，常常超出界線，橫豎折等筆劃分得太開，幾乎可以拆成另一個字。

這種人對周圍的現象反應不很敏感，常常慢半拍。某些時候，即使已經反應過來了，也很難想出應對的辦法。他們多給人馬馬虎虎、糊裡糊塗的印象，人們對這種人的評價一般是精明不足，隨意有餘。

由於做事太隨意，責任心不強，這種人有時就像個不懂事的孩子。

・撇和捺施展不開——行為不太主動

有的人寫字，撇、捺差不多，一點都施展不開。

這種人的個性通常比較內向，做事認眞，很有責任感。但他們不搶鋒頭、不展露鋒芒，無論做什麼事情，都處於被動的角色。由於天性比較被動，所以不利於不良情緒的排解，導致在心裡累積許多壓力。

・寫字中間的豎不直——壓抑

有的人寫字筆力很輕，字體中間的豎總是拉不直，缺乏後勁。即使勉強拉直了，也給人虛弱的感覺，顯得有氣無力。從字體來看，這種人明顯受到壓抑，即使有能力也難以發揮，具備旺盛的精神也無法展現。

・寫字橫豎不規範——情緒不夠穩定

有的人寫字，橫劃有時上揚，有時平直，有時又下斜；書寫豎筆的時候，常常是左右歪斜偏離。這種人通常都有情緒不穩定的傾向，缺乏應有的決策能力，難成大事。

・行距雜亂無章——感情不穩定

有的人寫字時，一整行不是上揚就是下斜、不是左偏就是右傾，字與字的距離也毫無規律，用雜亂無章來形容相當恰當。

這種人的情緒化傾向很嚴重，情感不穩定，起伏劇烈。一般來說，他們比較聰明，有一定的能力，但不會依照規矩辦事。

・寫字「橫」不平——心態比較消沉

有的人寫字時，橫劃常常左邊高、右邊低，不是正常的斜上結構，而是向右下斜。如果是成年人，心態多半往往比較消極；如果是未成年人，則比較容易灰心喪志。

• 筆劃又直又硬——生硬

有的人寫字無論是點、橫、豎或是撇看起來都又直又硬，筆鋒無法開展。這種人一般都比較死板，缺乏靈活性，也就是「死心眼」。

• 筆鋒太露——坦率且性急

有的人寫字筆劃很直，每個字都很挺拔，筆鋒四處外露，有點張牙舞爪的態勢。他們會給人正直的印象，但通常性急而坦率，很容易展露自己的鋒芒，不懂得隱藏想法，顯得內斂不足。

字寫得不好，不僅僅是表面上的問題，還關係到心態性格，甚至影響命運。因此，因儘量要求自己把字寫好。

筆劃緊密，欠缺創造力

寫出的字體很小，但一筆一劃卻交代得很清楚，這種人做事情極認真，但是過於謹小慎微，缺乏足夠的創造力。

・寫字「橫」短——聰明

有人習慣將橫劃寫得很短，特別是每個字最上面的那一橫劃，甚至比「點」長不了多少。這種人大都比較內向，很聰明，但心胸不夠寬廣，很容易給人一種小氣的不良印象。這種人的左腦比較發達，擅長邏輯性思考，對抽象事物很敏感，但由於右腦相對較弱，創造力顯得不足。

他們不大會處理人際關係，不適合從事管理方面的工作。

•筆劃誇張——想像力豐富

有的人寫字運筆極輕，書寫速度很快，筆劃線條輕飄飄地四處飛舞，顯得相當誇張。這種人的右腦很發達，具有豐富的想像力，也因此常常做白日夢。此外，他們很重視情感。

他們的反應通常都很快，但思慮天馬行空，給人不紮實、輕浮的印象。有時控制不住自己的情感，顯得很情緒化。

•筆劃停頓——自我意識強

有的人寫字運筆速度很慢，也比較用力，即使筆劃可以一氣呵成，仍常常出現很多停頓。這種人有很強烈的自我意識，雖然具備一定程度的能力，但是行動力比較差，心裡常常會感到不滿。

如果老年人身上出現這種情況，可能還存在某些生理上的問題。

・不敢省略一筆一畫——謹慎

有的人寫字的速度很快，但是一筆一劃都不會少。這種人做事比較認眞，有很強的責任心。但也因此，他們的內心壓力很大，常常擔心無法完成任務，心情多處於煩躁不安狀態。

・筆劃緊密——敏捷

有的人寫字，字的中間部分寫得過於緊密，有的筆劃連在一起，如果寫的正好是筆劃比較多的字，看起來就會像一團墨漬。

這種人比較仔細、精明，思維敏捷且敏感，對外界刺激的反應很快，能夠迅速提出對策。但也正由於具有一定的能力，導致思維負擔重，長期處於無法放鬆的情況下，引發身體方面的疾病，比如消化不良、神經衰弱等。

・喜歡重描——認真

有的人經常會在寫完字後細細地觀察，進行描摹或修補。這種人做事情比較認真，本身也比較聰明，喜歡反覆思考問題。

他們的缺點是會白白地浪費時間和感情，有很明顯的內耗傾向。

・字體小而清楚——謹慎

有的人寫出的字體很小，但一筆一劃卻交代得很清楚，讓人覺得清晰明白。這種人做事情極認真，善於觀察周圍的情況，但是過於謹小慎微，缺乏足夠的創造力。

・字體大而鬆散——好動

有的人字寫得很大，結構很鬆散，撇、捺、豎等筆劃沒有規律。這種情況如果發生在兒童身上，可能是智力不高的表現。這類人無法控制好自己的感情，比較馬虎。他們比較好動，內心常常會感到一種莫名壓迫。

・平均分配筆劃——膽小

有的人寫字方正足，一筆一劃幾乎是平均分配，字體顯得四平八穩。這種人的個性比較內向，膽子很小，沒有足夠的自信，做事情很不靈活，缺乏應有的判斷力。

・橫劃很平——穩重

有些人寫字會將橫劃寫得很平，幾乎在一條水平線上，就像用尺量過一樣。這種人大都比較穩重，做事情很保守，自我控制能力強，但是缺乏足夠的創造力和膽量。

字如其人，字寫得漂亮，會有很多好處。

塗鴉會洩漏心中想法

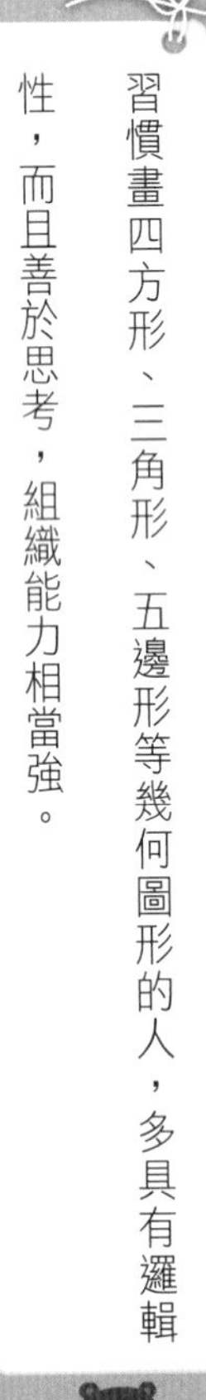

每個人都有這樣的經歷，會趁閒來無事時，在一張紙或是其他東西上隨便地塗塗寫寫。

有心理學家指出，這種無意識的亂塗亂寫，往往能顯示出一個人眞正的性格，因爲人內心的眞實感覺，會透過塗寫的過程顯露出來。

喜歡畫三角形的人，理解能力和邏輯思考能力多半比較強。在絕大多數時候都能夠保持頭腦清醒、思路清晰，有很好的判斷力和決斷力，但缺乏耐性，急躁、容易發脾氣。

喜歡畫圓形的人，做事有一定的規劃和設計，喜歡按照事先擬定的執行程序行事，多有很強的創造力和豐富的想像力。

喜歡畫多層折線的人，分析能力多半比較強，而且思維敏捷，反應迅速。

喜歡畫單式折線的人，很多時候都處在一種比較緊張的狀態之中，情緒不穩定、時好時壞，讓人難以捉摸，因爲這種圖案代表內心充滿不安。

喜歡畫連續性環形圖案的人，多能夠將心比心，會站在別人的立場上爲他人著想。他們在大多數情況下都對生活充滿信心，而且適應能力很強，無論處在什麼樣的環境都能很快融入其中，對現狀感到滿足。

喜歡在小格子中畫上交錯混亂線條的人，多半有恆心、有毅力，做什麼事情都能拿出不達目的誓不罷休的狠勁。

喜歡畫波浪形曲線的人，個性隨和，而且做事有彈性，適應能力很強。善於自我安慰，遇事願意往好的方面想。

喜歡在一個方格內胡亂塗畫不規則線條的人，情緒必定低落，心理壓力很大，但不會產生悲觀厭世的想法，對人生仍抱有很大的希望，並會尋找辦法安慰自己，朝積極的方向努力。

喜歡畫不規則曲線和圓形圖案的人，心胸多比較開闊，心態也比較平和，對環境的適應能力很強，但有點玩世不恭。

喜歡畫不定型但稜角分明圖形的人，競爭意識多半比較強，習於爭強好勝，總是希望自己能夠勝人一籌，事實上，他們也不斷地爲此而努力，並且可以爲了勝過他人做出犧牲。

喜歡畫尖角形圖案或紊亂平行線的人，表明內心總是充斥著憤怒和沮喪。

喜歡在格子中間畫人像的人，多半朋友很多，但敵人也不少。

喜歡寫字句的人多是知識份子，想像力比較豐富，但太常生活在想像當中，有點不切合實際。

喜歡畫眼睛的人，性格中多疑的成分佔了很大的比例，此外這一類型的人有比較濃厚的懷舊心理。

喜歡塗寫對稱圖形的人，做事多比較小心謹愼，而且會遵循已經設計好的、一定的計劃和規則行事。

有些人喜歡畫小小短短的線，周圍常有一大片空白，這些線不是相互平行，就是成直角排列。

喜歡順手畫這些東西的人多半性格比較內向，對這個社會和自己所處的環境充滿了恐懼感，總是想盡辦法逃避現實。他們可能也很聰明，但通常不會有什麼好的想法和創意，因爲總是被一些無形的東西侷限了正常的思考，從而使自己無法突破並超越障礙。事實上，那些使他們受到侷限的東西，經常是自己強加到自己身上的。

習慣畫四方形、三角形、五邊形等幾何圖形的人，多具有十分嚴謹的邏輯性，而且善於思考。他們的組織能力相當強，但有時也會讓人產生不滿，認爲太過於執著自身的信念，無法容忍那些想改變自己或否定自己意見的人。他們在爲人處世等方面多少有一些保守，但在面對各種事物時多能夠胸有成竹，知道自己該做些什麼、以什麼方式做。

喜歡畫正方體、三角錐、球體等幾何圖形的人，多比較深沉穩重，也更注重實際，性格彈性很大，能屈能伸，在面對不同情況時，能夠及時調整自己。他們善於將比較抽象的東西具象化，多有很好的經濟頭腦，是一塊做生意的好料子，溝通能力也比較強。

喜歡畫像雲、扇子或羽毛一樣彎曲圖案的人，對新鮮事物的接收能力往往很強，而且也具有很好的適應能力。

喜歡畫一條曲線包含著另一種圖形的人，對周圍的人是相當敏感的。在遭遇挫折和磨難的時候，多能夠保持相對冷靜，積極尋找解決的辦法，而不是不加思考就貿然動手。只是這一類型的人，時常會沉浸在某種幻想當中，有一點不切合實際，脫離現實。

喜歡畫飛機、輪船和火車的人，從所畫的圖形表面上理解，像是旅行的愛好者，希望把各旅遊景點全部看完，可實際上，這是在發洩自己的憤怒和挫折感。他們時常會失去希望，陷入迷茫當中，並且在挫折和困難面前表現得很消極。他們的自信心並不強，對自己也不抱什麼希望，而總是把希望寄託在他人身上，或者是遠行的夢想上。

喜歡畫有趣的線條、圓圈和其他圖形的人，多半極富有創造力，對於未知的領域有相當濃厚的興趣，並願意積極嘗試。對他們而言，沒有什麼事情是絕對的，因而時常自相矛盾，對一個問題可能會有許多不同的答案。在生活中，他們總把自己弄得筋疲力盡，可到最後卻還是無法理出頭緒。他們具有一定的才華，很博學，但卻沒有幾樣眞正精通。

喜歡畫各種不同面孔的人，多是藉畫畫的過程發洩自己內心的某種情緒。喜歡畫一張笑臉的人多是知足常樂者；喜歡畫皺著眉頭的臉的人則恰恰相反，多半永遠也不會感到滿足；喜歡畫苦瓜臉或是扭曲變形臉的人，多代表內心非常痛苦且混亂不堪；喜歡畫大眼睛的人則代表他們的生活態度非常樂觀；喜歡用一個平凡的點代表眼睛，或是一條直線代表嘴巴，則表示心裡有疏離感。

不斷地畫同一個圖形的人，心中多有很強的欲望。一般來說，這一類型人人的希望變成現實的機會都比較大，因爲他們有不屈不撓的精神，一旦確定了目標，就不會輕易改變。

當然，在遭遇挫折的時候可能也會失望，但絕對不會放棄，會用最快的速度調整自己的心情，再努力爭取。他們有野心也有幹勁，無論什麼時候都知道自己在做什麼。

喜歡畫花草樹木以及田園景象的人，多是性情溫和且又非常敏感的人。他們對形狀和顏色往往具有比其他人都突出的鑑賞力。這一類型的人多在文學、藝術等方面具有相當的才華和成就，天性較淡泊名利，與世無爭，只嚮往安靜平和的生活。

會不斷寫著自己名字或練習各種新鮮字體的人，自我表現欲望無疑相當強烈，可能會爲此做出一些讓人無法接受的事情。他們會經常感到迷茫和無助，不知道自己該做些什麼。之所以不斷重複寫自己的名字，就是在潛意識裡不斷的自我肯定，目的在克服目前困擾自己的某種情緒。

字跡會說話，告訴你誰是可以信賴的，誰又是必需提防的小人。

性格為運動方式做出選擇

從靜態的觀察可以看穿一個人，從「運動」下手也有相同效果。若人特別喜愛某種運動，透過這個選擇，會顯露他在身心兩方面的需求，進而展現出他的個性。

・體育館或健身俱樂部

喜好在俱樂部運動，只要不是一個人，他並不反對爲了鍛鍊身體、維持健康而受苦。他喜歡有人陪自己一起運動健身，這樣運動完後，在蒸氣房裡，就有伴可以互相聊天。

• 有組織的運動

無論是在學校的操場打籃球，或是在海灘上打排球，這種人喜愛的不是運動，而是參與過程中得到的樂趣。成為團隊中的一份子，這點在他的生命中佔了很重要的地位。下班後和他一塊兒打球的那些人，通常是認識已久的老朋友。

• 家庭運動器材

廣告使他相信，選擇這類方法不需要費多少力氣，就能夠達到眞正運動的效果。不過，他很快就會發現，只有廣告裡的模特兒才有辦法邊運動邊露出笑容，而自己買來的運動器材多半擺在大廳的櫥子裡生灰塵。

• 重量訓練

喜歡舉重的人比較在意形式，較不重視內涵，最在乎的是外表，所以希望自己有一副好得不得了的身材。舉重賦予他令旁人稱羨的力量，這使他覺得自己很特別，能夠完成沒幾個人可以做到的事。

・競走

這種人討厭跟隨人群，偏愛展露自己特殊的品味。如果時下正好流行某樣東西，他一定會另外找個新花樣，力求不符合傳統。

・有氧舞蹈

喜歡這種形式的體操，表示對自己身體抱著一種圓融的態度，因爲每一動作間的連接都得求自然流暢。爲了展現優美的舞步，同時培養耐力，他除了著重肌力的訓練外，還特別在意體態的優雅。這種人不排斥做一些別人覺得既繁重又乏味的工作，因爲懂得把工作當成遊戲的訣竅。

・騎自行車

選擇這種運動的人，比喜愛慢跑的人更加實際，因爲曉得如何以同樣的能量走更遠的路，此外，還可以同時運動大腿。愛好自行車的人，通常很靈活，會經常設定不同路線，不像慢跑的人通常都順著同一條路線跑。

・瑜伽

瑜伽與外在行動及內在器官的流暢性有關，尤其和身體的柔軟度更是關係密切。喜愛練習瑜伽的人，深刻體會到呼吸是控制生命的一種方法，也了解冥想和體力的發揮同樣重要。在一般情況下，練習瑜珈有助於拓展視野，使人對事情的看法更透徹圓融。

・邊做事邊運動

這種人會在除草時做彎膝蓋的動作，或在掃除時做運動，由此可見是一個想像力豐富的人，是一個會讓現實工作變得有挑戰性、更富價値的天才。他可能不太喜歡做家事，但不會抱怨，反而設法把做家事的過程轉變爲一種自我修養、自我改進的訓練。想使他覺得厭煩、無聊，恐怕是一件很難的事。不過，這種人如果想使別人覺得厭煩、無聊，倒是易如反掌。

・散步走路

走路雖然沒辦法出風頭，但卻是一項最健康的運動。走路既不稀奇，又不時髦（就和這種人的為人一樣），但長期走下來，卻令人受益無窮。這種人對需要緊急完成的計劃沒興趣，不喜歡馬拉松賽跑，也不愛吸引他人注意，是一個有耐心的人，也有信心面對一切事物挑戰。

從臥室風格看個性

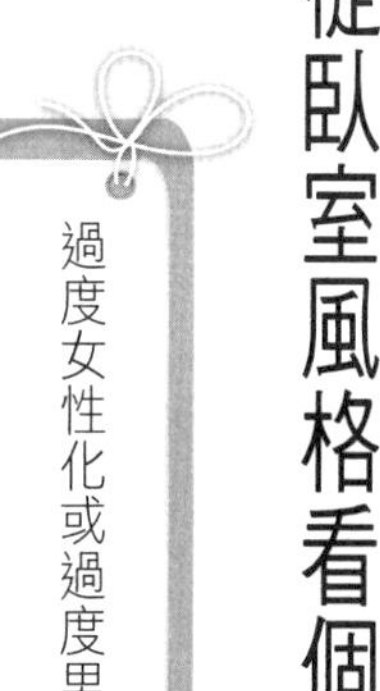

過度女性化或過度男性化的臥室，表示對自身的性別確認得十分清楚，但也同時卻對異性感到恐懼。

臥室是最私人的空間，一個人可以使臥室成爲一個私密性極高的地方，只有自己可以進去，也可以將它變成一個公共空間，與他人一同分享。

所有個人用來裝飾臥房的東西，由床鋪的床單到牆上的繪畫，都暗示了自身是個什麼樣的人。

• 起居室就是臥室

這類人的臥室就是生活的中心，用來吃飯、娛樂，當然也用來睡覺。窗戶沒有窗簾，門也沒上鎖，他很希望別人了解他，一塊兒分享個人的興趣和歡樂。他喜歡創造一個屬於自己的天地，甚至很認眞地考慮在靠床的地方擺一台小冰箱。這種人的作息起居全在一個房間裡，他認爲這麼做可使挫折感減至最低，得到最大的安全感。

・英雄式臥室

這類人的臥室牆上貼了每一位曾經崇拜、景仰過的人物海報，而且每張海報裡的人頭都比眞人還大。他覺得面對偶像要比和一般人相處容易，容易放棄身邊唾手可得的東西，反而追求遙不可及的事物。他對自己沒有自信，因而把偶像們看得比生命還重要，看得比自己還高。

・睡覺用臥室

無論這類人的臥室樸實到只有四面白牆，以及一張輕便的小床外加床頭櫃，或者正式到變成一間內含沙發、小茶几的套房，對他而言，都只不過是一間睡覺用的臥室而已。

裡頭每一件東西都有自己的位置，有特定的空間。這種人會嚴格控制自己的情緒，做事要求一定的規矩。

• 裝潢過的臥室

如果一間臥室裝潢得美輪美奐但卻不具個人風格，那這間臥室的主人一定是一位有格調且守規律的人。

他不太信任自己的判斷力，深怕會因爲多擺了一盆盆栽，貼了一張海報或一張照片，就破壞了整體的裝潢。

這種人能應付各種麻煩而不製造麻煩，也是一個寧可奉命行事而不願當長官的人。雖然很誘人，可是他的客人從不知道該怎麼做，才能常到他的臥室裡坐坐，因而感到有些茫然被動。

・倉庫式臥室

別人的房間都整齊、清潔，適合朋友來訪，但這種人的臥室卻是個危險地帶。雖然家裡其他廳房相當整潔，代表他想留給別人良好的印象，但臥室卻完全私反應出私底下的邋遢。

表面上看來，這種人似乎十分性感，而且人見人愛，可是那間到處是待洗衣物和報紙的臥室，卻告訴別人事實並非如此。

・玩耍式臥室

這種人就像一個大孩子，會邀請其他人到自己的房間玩，臥房裡甚至有鏡子、玩具、用來打枕頭戰的軟枕頭以及小水槍。因爲這種人沒辦法直接表達心中感受，因而希望透過遊戲的方式，達到溝通的目的。

・孩提時代的臥室

這類人可能仍保有小時候第一間臥室中留下來的傢俱、紀念品、玩具、隊旗，以及掛在牆上的獎狀和畢業證書。

他還沒準備好要離開母親的保護及管束，還沒準備好要離開童年，還沒決定長大獨立之後要做什麼。改變對他而言是一件可怕的事，因爲他是那種需要經過深思熟慮才敢冒險嘗試的人。

• 性別歧視者的臥室

過度女性化或過度男性化的臥室，表示對自身的性別確認得十分清楚，但也同時卻對異性感到恐懼。蕾絲床單，一張有罩篷的床，或深棕色、尖銳的邊角以及堅硬的床板，都令異性覺得他們是入侵者，格格不入且手足無措。這間臥室是專爲擁有者所設計的，沒有一個客人能在裡頭待得安心，因爲主人並不眞的想讓別人認識自己。

如果有機會參觀他人的臥室，千萬要仔細觀察，如同把握一個大好機會。屋主是一個怎樣的人？是否值得交往？會不會是個小人？凡此種種，他的臥室都可以回答你。

從床鋪的選擇看穿性格

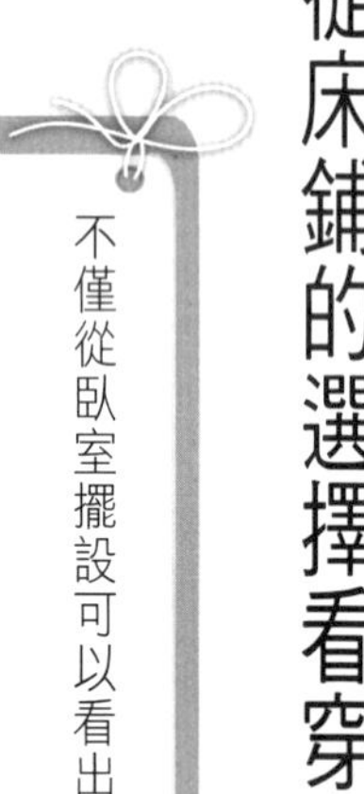

人的一生中，有三分之一的時間是在床上度過，可能是在床上做夢、睡覺、做愛，或只是躲在被子下。

床是人們分享最親密想法和經驗的地方，因而從中也能看出主人的個性。

・睡單人床的人

睡單人床表示從小到大的教育方式對道德觀影響深遠，而且對自己的社交關係限制得十分嚴格。這種人普遍說來是一個保守主義者，結婚之前，不會和別人分享自己的床。

·睡四分之三的床

這種床比單人床大一點，但比雙人床小一點。這代表和某人同床共枕時，他喜歡和對方很親近。這種人可能沒有伴侶，不過這段時間不會太長，雖然還沒準備好對某人作完全的承諾，不過，大約已經準備好七十五%了。

·睡特大號床的人

這種人需要有自己的空間，用以玩耍或逃避。他會不計代價地避開被囚禁的感覺，爲的是滿足自己對自由和獨立的渴求。有了特大號床，只要他想和伴侶保持距離，隨時都可以做到。

·喜歡睡圓床的人

根本不曉得哪一頭是床頭，但其實他也不在乎，認爲因爲這樣，生活才更有意思。既定的規則無法侷限這種人，他做任何事情都沒有一定模式，做愛更是如此，從哪開始對他都一樣。因爲做事隨心所欲，所以有時顯得行徑怪異。

• 睡折疊床的人

這種人可能還沒意識到，但對已經壓抑多年的性欲有著深切的罪惡感。偶爾他會放縱自己，然後再否認曾有過的那番經驗。每當他把床折成椅子形狀時，所關心的只剩事業，把自己的其他感情和床墊一塊兒隱藏起來。

• 喜歡睡榻榻米的人

這種人喜歡讓自己睡在地板上，這種來自東方半斯巴達式的地板墊子，有股自律的意味。它們就像地板一樣硬梆梆，而這點正合他意，因爲他從來沒打算讓自己太舒適自在。

・喜歡床有鏡子的人

可能有人說這種人非常自戀，不過這和事實有頗大出入。實際上他不太信任自己的情感，經常跳出來，彷彿在一旁觀察自己。或許，有了床上方的鏡子，他才能夠徹底相信，某次難忘的性經驗眞實地存在。

・喜歡水床的人

這種人很善變，是個眞正明白該如何「順應潮流」的人。他可以把過去的所有性經驗完全融合在一起，使自己成爲一個極度性感、令人滿意的伴侶。做愛時，他相當投入，能達到忘我的境界，完全忘了時間、忘了地點，沉溺在一波又一波的愉悅和溫暖中。

・喜歡銅床的人

床就是這種人的城堡，所以四周有精巧的金屬架，四角有四根尖尖的柱子，由於覺得自己十分容易受傷，甚至在睡覺時也需要保護，才不會受到他人攻擊。

企圖卸下他這種防禦心的人，會由於無法攻破這道堅實的堡壘而備感挫折。在進行性行爲前，爲了審愼和諧起見，他會把雙方該扮演的角色劃分得一清二楚，由誰主控、誰服從全部都先講好。

・喜歡自動調整床的人

睡這種床，只要輕按一下按鈕，就可以抬高或放低人的頭和腳，而且可以調整出上千種位置。喜歡這種床的人是個完美主義者，無論花多少成本、費多少心力，都一定要追求最好。他爲人嚴苛，難以取悅，會刻意塑造環境以迎合自己的需求和想法，而且堅持到底，不願意去順應他人，但要求別人適應。

・早晨不整理床鋪的人

這種人既不曾有過一位像嚴格的長官一樣巡視床鋪的母親，也不曾遇見一位像母親一樣檢查床鋪的嚴格長官。自以爲對人生的態度相當的超然，但其實眞實性格就反應在現實生活裡，不過是一個既懶惰又無紀律的人罷了！

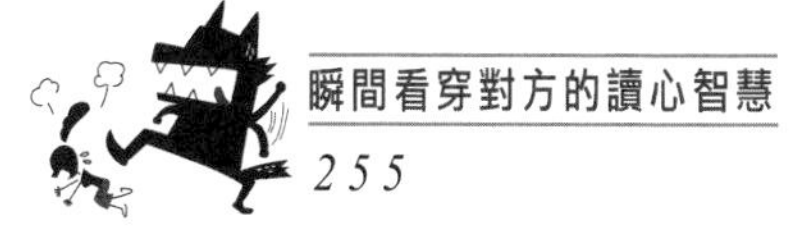

・早晨整理床鋪的人

如果在早晨下床前就把自己的床鋪整理好，代表此人愛整潔、擅長打扮自己。不過，如果每天早上都一定要把床鋪整理得極度漂亮，那就是有潔癖。這種人會把浴室中的每一條毛巾都疊得整整齊齊，將家中每一個角落都打掃得一塵不染，甚至在沙發上蓋一層塑膠套子。別人前來作客根本無法放鬆心情，因爲他無時無刻都在找尋掉落的塵屑。

不僅從臥室擺設可以看出個性，床鋪的設計更是深層意識的展現，用無聲語言向接觸的每一個人揭露內心世界。

我知道你就是這種人！

作　　者　左逢源

社　　長　陳維都

藝術總監　黃聖文

編輯總監　王　凌

出 版 者　普天出版社

新北市汐止區康寧街 169 巷 25 號 6 樓

TEL / (02) 26921935 (代表號)

FAX / (02) 26959332

E-mail：popular.press@msa.hinet.net

http://www.popu.com.tw/

郵政劃撥 19091443 陳維都帳戶

總 經 銷　旭昇圖書有限公司

新北市中和區中山路二段 352 號 2F

TEL / (02) 22451480 (代表號)

FAX / (02) 22451479

E-mail：s1686688@ms31.hinet.net

法律顧問　西華律師事務所・黃憲男律師

電腦排版　巨新電腦排版有限公司

印製裝訂　久裕印刷事業有限公司

出 版 日　2018 (民 107) 年 9 月第 1 版

ISBN◉978-986-389-537-4　　條碼 9789863895374

國家圖書館出版品預行編目資料

我知道你就是這種人！／

左逢源著.—第 1 版.—：新北市,普天

民 107.09 面； 公分. - (現實大師；98)

ISBN◉978-986-389-537-4 (平裝)

現實大師

98

普天之下·盡是好書
普天出版家族
Popular Press Family
凌雲
A-Plus Creative Company
文創